お客様と共に最高の歓びを創る

Creating personal and human experiences with customers

ANAが目指すCS

社会経済生産性本部●編

生産性出版

はじめに

二一世紀に入ってCS（顧客満足）の重要性が高まっている。日本の人口が減少に転じ、国内市場が成熟化、縮小均衡に向かうなかで、今、目の前にいるお客様にいかに満足してもらい、次の購買機会にも利用してもらえるのか、またそうした顧客の評判でいかに新しい顧客を呼び寄せられるかが、企業の存亡を左右する大きな要因になってきている。たとえ歴史と伝統がある企業であっても、顧客をないがしろにするような行為をすれば、見捨てられてしまう。

一方で、グローバル化が進展し、国と国との境界が低くなった。その結果、競争はますます激化し、中国やロシア、インド、ブラジル、南アフリカ、また東南アジア、中東などの新興国や資源大国の経済力や競争力も成長してきた。これにともない海外の市場や国際化する顧客への対応が問われるようになってきた。

市場の世界地図が変容し、国内外の競争が激化する新しい局面に直面して、たえず顧客を意識すること。顧客が本当に満足しているかどうかを常にチェックしながら、製品やサービスの提供にフィードバックしていくこと。そして、これらを経営の中に仕組みとして組み込むこと。これらが、これからの競争を制する鍵を握るといっても過言ではない。

その視点から各種のCSのアンケートをみると、どんな調査でも常に上位にランクされているのが、ANA（全日本空輸株式会社）である。航空事業は、乗客や貨物を安全に、快適に、定時性をもって目的地まで運ぶ運輸産業の一つだが、特に旅客部門は予約から空港までの案内、飛行機に乗っている間のおもてなしなど、乗客を安心させ、くつろがせることを重視するホスピタリティ産業としての一面を強く持っている。

国際線のように長時間乗らなければならない場合は、飛行機がホテルやレストラン、バー、映画館、場合によってはオフィスのような空間に変身する。そこでは座席や料理、接客技術、室内環境など、あらゆる要素が盛り込まれている。さまざまな文化を持った国や地域からの顧客も同じ飛行機に乗り合わせば、国際交流の場ともなる。

そのような空間の舞台となる航空機は、先端技術の塊であり、その運航や整備には、高いレベルの技能や訓練が求められる。目に見えない三次元の航空路上を指示された通りの高度、針路で間違いなく飛ぶこと、またボルト一本が確実にあるべきところにあるか、常に厳しい正確さが要求される。

一方で、航空業界は厳しい国際的な競争にさらされており、ローコスト・キャリアと呼ばれるアジアの格安航空会社の急成長や、原油高騰のあおりを受けたコスト高など、取り巻く環境は激しく変化している。

ヒューマン、ソフト、ハード、また国内から海外まで、さまざまな側面を持った航空産業は、二一世紀のCSとは何かを探るためにふさわしい事例となるはずである。とりわけ厳しい環境の中でCSを軸にした経営戦略で健闘しているANAの取り組みは、これからのCS戦略を考えるうえで参照してみる価値が十分にあるだろう。本書は、CSで評価の高いANAの取り組みを通して、その背景に何があるのか、ANAが目指しているCSとは何かを明らかにすることによって、企業のCSはどうあるべきかを追究しようとするものである。

本書をまとめるにあたっては、ANAグループのCS活動の事務局の役割を果たしているCS推進室をはじめ、客室、空港、運航、整備、商品戦略、顧客マーケティング等々数多くの部署の方々に取材し、CSの取り組みや人材育成について現場の声として盛り込むことができた。同社でCSの原動力となった皆さんからも、直接お話をうかがっている。

ANAがCS先進企業と見られることが多いのは確かだが、はじめから評価が高かったわけではない。クレームも多く寄せられているという。また、現場の社員が企業の存続を危ぶむほどの状況も経験し、その中から「クレームを宝の山に変える」にはどうしたら良いかという問題に取り組み、挑戦を続けている。本書ではそのようなANAが目指すCSについてまとめている。

取材の過程で見えてきたANAにおけるCS推進の特徴の一つは、ブランド戦略と一体になっていることである。より一層顧客から期待され、信頼されるブランドへと成長しようとするプロセスにおいて、ANAの中に、さまざまな文化が生まれた。「お客様と共に最高の歓びを創る」はANAのブランド・ビジョンを体現したことばである。

もう一つの特徴は、現場で働く人々が、それぞれの持ち場でCSに取り組んでいることであろう。単にサービスやノウハウ、制度や仕組みとしてのCSではなく、企業文化として育ち、培われ、沸き起こってくるような力を感じることができる。危機感を持った企業がいかに組織風土を変えていくかというストーリーを読み取ることも可能である。

その意味では、本書は、企業のCS担当者はもとより、企業の現場でCSの新たな構築を目指そうとしている方、また変化する環境のなかで、力強い企業風土をつくろうとしているすべての方々に参考になるはずである。

なお、取材にあたっては、CS推進室CS企画部の江島聖志氏、小野隆氏をはじめ、多くのANAグループの方々にご協力いただいた。また、原稿のとりまとめにあたっては、山口哲男氏に大変お世話になった。本書を刊行するにあたりお世話になったすべての方に心より感謝したい。

本書で取り上げた「CSを起点として企業文化を創りあげる」というANAの事例を通して、少しでも多くの方が自らの企業のCSを見直し、企業風土を良くしていくことにつなげていただければ望外の幸いである。（なお本文中でご紹介した方々の敬称は略させていただきました）

二〇〇八年九月

編　者

お客様と共に最高の歓びを創る　目次

はじめに……1

第1章　CSは危機感から始まった……13

羽田にあるCS推進室　試練の到来―9・11米同時多発テロ
もう一つの試練―JALとJASの経営統合
ANAグループ基本戦略構想「新・創業宣言」
縦割り組織に横串を通す　失われた一〇年とANAの経営戦略
現場が立ち上げた「CS21」
「がんばる→褒める→がんばる」のサイクル　グッドジョブ・カード
CS―REP

第2章　「ANAらしさ」とは何か……39
大競争時代の到来　CSを起点としたブランド戦略
ANAのCSは外からどう見られているか　クローズド・ループ
国内線五〇年・国際線二〇年の経験

第3章　ひまわりプロジェクト――CSを起点としたブランド戦略……55
「ANAらしさ」を「ひまわり」で表現　二〇〇四年度経営計画書
プロジェクトチーム始動　徹底した議論による「ANAらしさ」の探求
変革のプロセスを盛りこんだ答申書
「ANAらしさ」とは、顧客が感じるANAの個性、強み、期待である
マインド&スピリット　発揮プロセス
計画から実行へ――会社の本気度を示す
社内のあらゆる仕組みとの連動　コンセプトの共有のための活動
絵本「ひまわりの歌」とテレビCF

第4章　ANAのCSを支える現場力Ⅰ
コールセンター・客室部門・空港部門……95
1　コールセンター……97
電話で伝える笑顔　進化するコールセンター
2　客室部門……102
付加価値の高いサービスを志向　「感動品質」を上げる六つのS
「もてなしあう」接遇哲学　ANAが選ばれる理由
おもてなしの伝統　一から創りあげた国際線
外国籍乗務員との学び合い　常にチャレンジ精神を持つ
3　空港部門……117
「簡単・便利」とホスピタリティの両方を求められる地上係員
判断のよりどころ

第5章　ANAのCSを支える現場力Ⅱ

運航部門・整備部門・グランドハンドリング部門……125

1　運航部門……127
厳しい審査の連続　エアマンシップ
機長と副操縦士の「適度な勾配」　フライファースト
パイロットのCS活動

2　整備部門……138
ライン整備の醍醐味　チームワークで整備する　「整備魂」の伝承
グッバイ・ウエーブ　飛行機の品質を高めるドック整備
難関を突破してようやくスタートライン
ANA発、世界のスタンダード　All OKの中のWhat's new?

3　グランドハンドリング部門……151
縁の下の力持ちが空港の顔へ　ベルトコンベアーの先に究極のCS
田麦山の友情

第6章　顧客の声を活かす仕組み……159
1　顧客の声を徹底的に聞く仕組み……161
信頼関係をつなぐ最後の砦　苦情をきっかけに信頼のパートナーへ
給料明細に顧客からのプレゼント
「お客様の声に徹底してこだわる」ためのマネジメント
クローズド・ループを支えるITインフラと人材
クローズド・ループの基盤となる組織文化　CS推進室の覚悟
クローズド・ループの実践例──機内持ち込み手荷物への対応
あかるく元気な大家族
2　プレミアム会員の声を商品やサービスに活かす……176
ANAマイレージクラブ（AMC）の企画と運営
「私らしさ」を感じてもらうオンリー・ワン戦略
電子マネーEdyとの相乗効果
3　潜在的な顧客ニーズを先取りして形にする……187
初めてづくしの成田の新ラウンジ　現場感覚と人へのこだわり

第7章　TEAM ANAの未来を創るCS……197
風通しの良さという無形財産　権限の委譲　チームスピリッツ
フロンティア・スピリッツを刺激する仕組み
「アジアNO・1」五つのキーワード　安全は経営の基盤
TEAM ANAを進化させる　航空自由化の進展とグローバル化
中国に向日葵《ひまわり》が咲く　イノベーションを生み出す好奇心
お客様さまと共に最高の歓びを創る
ANAのCS―「あんしん、あったか、あかるく元気!」
おわりに……229

装丁　竹内雄二

第1章

CSは危機感から始まった

二〇〇一年九月の米同時多発テロ、同年一一月の日本航空と日本エアシステムの経営統合の発表は、ANAに大きなショックを与えた。「このままではつぶれる」という危機意識の下にANAグループは、量の競争から質の競争への転換に取り組んだ。どんな環境変化にも対応できる強い経営基盤と、他社には真似のできない「ANAらしさ」をいかに確立するか、部門を超えた討議が始まった。一方、九〇年代に急速な合理化を進めた影響から、サービスフロントのスタッフに一種の閉塞感が蔓延していた。それを打ち破ろうと、二〇〇一年、空港のサービス現場から「CS21」というプロジェクトが自然発生的に立ち上がり、全国に波及、グループ全体に新たな風を吹き込んだ。経営のトップダウン、現場からのボトムアップ。ANAは、このような状況の中でCS推進室を設置し、新たなCSの取り組みを始めたのである。

羽田にあるCS推進室

ANAのCS推進室のオフィスは、東京国際空港（羽田）第一ターミナルビルの上層階にある。ここ第一ターミナルビルには、CS推進室ばかりでなくオペレーション統括本部や客室本部、運航本部などANAのオペレーションを支える本部組織も入っている。空港は航空会社が顧客にサービスを提供する最前線の現場の一つである。CS推進室は、まさにその息吹を感じる最前線に置かれている。

CS推進室は、ANAグループ全体のCS（顧客満足）活動を推進する事務局であり、現場とトップの橋渡しをする部署である。社長直属の組織で、メンバーはパイロット、客室乗務員、整備士、空港の地上業務係員など多様な職掌の、業務経験も豊富な人たちによる混成部隊で構成されている。

CS推進室の組織はCS企画部とカスタマーサポート部の二つの部に分かれている。CS企画部では一二名の部員が、ANAグループの社員全体を対象としたCSマインドの啓発、サービスの品質管理、ブランド・マネジメントなどの仕事を担当している。

一方のカスタマーサポート部は、いわゆる顧客相談窓口の仕事を担当しており、電話やWEB、手紙などによる問い合わせの窓口や、飛行機を利用する際にお手伝いが必要な顧客をサポートするスカイアシストデスクなどがある。

ＣＳ推進室が誕生したのは、ＡＮＡが創立五〇周年を迎えた二〇〇二年四月のことである。そう言うと、まるで五〇周年の記念事業の一つとして設置されたように聞こえるかもしれないが、そうではない。実は、ＡＮＡの存続を根底から揺るがすような、未曾有の経営危機がその背景にあったのである。

試練の到来―9・11米同時多発テロ

どんな企業でもその歴史のなかには、後から考えて「あれが転換期だった」といえる試練の時期が必ずある。ＡＮＡの場合、二〇〇一年秋からの約二年間がまさにそれだった。九〇年代後半にも、国際線を中心に路線拡大を進めたものの諸条件から収益性悪化に悩まされ、構造改革を強いられた試練の時期があったが、二〇〇一年からの二年間の事業環境の激変はそれをはるかに超えた、想像を絶する危機だった。

発端は、二〇〇一年九月一一日、米国で起きた同時多発テロである。この自爆テロで、航空機の乗客・乗員、そしてビルのオフィスで働いていた市民など約三〇〇〇人の尊い命が奪われた記憶は、今も生々しい。

この日、ＡＮＡの国際便も米国離発着便を中心として多数のダイバート（目的地とは違う空港に代替着陸すること）を経験している。また、このテロ事件後、日本の航空局からは航空史上初のフェーズＥ（最高レベルの警戒水準）の保安強化指令があり、ＦＡＡ（米国連邦航空局）からも独自の保安強化の指示があった。空港での保安監視、旅客の搭乗前の氏名確認やすべての受託荷物、機内のシート、ライフベスト、ゴミ箱等の保安強化、すべての航空機に対する強化型操縦室扉への改修などが、その主な内容である。ちなみに、それに関わる人員の手当や費用はすべて航空会社の負担である。

空港や機内での厳重な危機管理体制が敷かれるなか、テロやハイジャックへの不安から国際線の旅客数は急減した。これに追い打ちをかけるように同年一〇月から米軍を中心としたアフガン「不朽の自由作戦」が始まった。また、翌年秋からは中国を中心にＳＡＲＳ騒動が起きて、二〇〇三年初夏まで尾を引くことになる。

こうした国際情勢から、国際線の旅客数は減少し、乗客よりも客室乗務員の数のほうが多いというフライトも一時は珍しくなかった。また、国内線もビジネス旅客や修学旅行の落ち込みが目立ち始めた。この時期、政府系金融機関からは、追加融資に対して非常に厳しいハードルが突きつけられている。

この危機に直面して、ＡＮＡグループの役職員の間には「このままでは本当に会社が潰れる！」という不安心理が広がったという。経営陣は、９・１１テロ事件の直後すぐにその対応策の検討に入った。そして、一一月に「米国テロ事件に伴う二〇〇一年度緊急対策方針」を発表した。

その内容は、まずテロ事件の影響で「国際線、国内線の大幅な減収、航空保険料増・保安コスト増により大幅に収支は悪化する」と予測し、グループ会社でも旅行事業やホテル事業に多大な影響が出ることを訴えている。さらに、二〇〇一年度は連結・単体とも経常利益は▲一〇〇億円を超えるという厳しい見通しを示し、その対応策として①需給に応じた路線便数計画の見直し、②運賃政策の見直し、③人員の圧縮を含むコスト削減と投資の抑制などを挙げ、実施計画をあわせて提示したものだった。

もう一つの試練―JALとJASの経営統合

実はこの「緊急対策方針」を策定中に、もう一つ、ANAにとっては青天の霹靂《へきれき》のような出来事が起きている。それは9・11テロ事件のわずか二ヵ月後の一一月一二日に、JALとJASの経営統合が発表されたことだった。

もし、そのままJALとJASの統合が実現すれば、国内線シェアは大きく変動する。それまでANA四九%、JAL二五%、JAS二三%というシェア、つまり一対〇・五対〇・五の比率で推移してきたのが、一対一（〇・五+〇・五）で角逐する状況に変わるのは明らかだ。しかも、国内幹線（羽田―札幌、羽田―福岡、羽田―沖縄など）だけ見ればJAL+

ＪＡＳで六〇％強となり、逆に大差がついてしまう。各所からこれは独占禁止法違反ではないかという声が上がり、公正取引委員会も「国内の競争を実質的に制限するおそれがある」と指摘した。

しかし、ＪＡＬ・ＪＡＳ両社が、発着枠の一部返上、空港施設の利用に関する対応策、運賃の引き下げなど、競争促進のためのいくつかの条件を願い出たことから、結局、公正取引委員会も統合を了承した（経営統合による運航開始は二〇〇二年一〇月から）。

それまでも、ＡＮＡの経営状況は、国内線では圧倒的な優位にあったとはいえ、国際線の路線拡大によって投資と収益性とのギャップに悩まされ、赤字続きの状況にあった。このため九〇年代後半から固定費の低減や機材のダウンサイジングなど必死の構造改革を試みた結果、ようやく回復の兆しが見えてきたのがこの頃であった。

その「さあ、これからだ」という時期に、米同時多発テロが起き、ＪＡＬとＪＡＳの経営統合が発表されたのである。その影響を受け、二〇〇一年度の決算は、ふたたび赤字に転落してしまった。

ＡＮＡグループ基本戦略構想「新・創業宣言」

そんな厳しい状況下で迎えた二〇〇二年一月、ＡＮＡの経営陣は「二〇〇二年度〜二〇

図表1　「新・創業宣言」（2002年）に盛り込まれた「グループ経営理念」と「グループ行動指針　6ヵ条」

グループ経営理念

基本理念

ANA グループは、「安心」と「信頼」を基礎に
●価値ある時間と空間を創造します
●いつも身近な存在であり続けます
●世界の人々に「夢」と「感動」を届けます

グループ行動指針　6カ条

①「安全」こそ経営の基盤、守り続けます。
②「お客様」の声に徹底してこだわります。
③「社会」と共に歩み続けます。
④常に「挑戦」し続けます。
⑤「関心」を持って議論し、「自信」を持って決定し、「確信」を持って実行します。
⑥人を活かし、チームワークを「力」にし、強い ANA グループをつくります。

〇三年度　ANAグループ基本戦略構想〈新・創業宣言〉」を発表した。この年は、ちょうどANAの創業五〇周年に当たる年でもあった。「新・創業宣言」は、その二ヵ月前に発表した「米国テロ事件に伴う緊急対策方針」を土台としながらも、五〇周年を意識して今後の市場環境の変化にも対応できるように、中長期の経営のあり方を明らかにした新しい経営戦略だった。

　この「新・創業宣言」に盛り込まれたのが、図表1の「基本理念」と「グループ行動指針六ヵ条」をワンセットにした「グルー

プ経営理念」である。

この「グループ経営理念」を、ＡＮＡの経営陣はどんな思いを込めて発表したのか。当時の社長・大橋洋治（現会長）は、社内報「道」二〇〇二年一月号に寄せた「創業の精神で新たなスタートを」のなかで、次のように述べている。

〈二つのビッグ・ウエーブ（テロ事件とＪＡＬ・ＪＡＳ統合）を前にして、「この先一体どうなるのだろう」と心配する向きがあるかもしれませんが、私はむしろ、これを「改革の絶好のチャンス」と捉えています。本来は自由化の進展や競争の激化を的確に把握し、自ら改革を進めていくべきものですが、今回のような「外圧」を契機として改革のスピードを上げ、大胆に実行する体制が整えばよし、と考えています。

（中略）

基本戦略は改めてお客様に徹底的にこだわることを基本におき、どのようなグループを目指し、戦略や体制をどのようにつくっていくかについてタブーなく改革を進めるためのものとなっています。皆さんにはぜひそれらを当社の「新・創業宣言」として捉えていただきたいと思います。

「徹底した差別化」。ＪＡＬ・ＪＡＳの統合によって大手三社体制が実質二社の一騎打ちということになった場合、「これぞANA」と誇れるものは何であるのか。かつては「JALに追いつけ、追い越せ」というスローガンがあったが、これからは新しい基軸として「JALとは違う」「他社の物真似や後追いはしない（No Imitation）というポイントに徹底的にこだわっていきたいと思います。

これについては単にマーケティングやサービス部門が考えればよいという話ではなく全部門共通の課題として考えていただきたい。そして、これらの知恵は、現場にこそたくさん埋まっていると思います〉

ここで語られているのは、「量の経営」から「質の経営」への転換をより徹底することである。また、五〇年をかけて築いてきた「お客様に徹底してこだわる姿勢」（＝「ANAらしさ」）のDNAを掘り起こすことだった。

「新・創業宣言」では、「大きい、小さいではなく、（企業として、戦略として、人として）個性があるというこだわり」が強調されている。また「あれもこれもではなく、（ターゲットを、マーケットを、リソース配置を）焦点を絞る」という「選択と集中」を融合させて新しい環境に適合した新しい価値観（お客様にこだわること）から始まる「ANAらしさ」を追求していく、と記している。

ＡＮＡグループの全部門で「ＡＮＡらしさ」を追求し、提供していくとなると、当然のことだが、マネジメントと現場の両サイドでその推進組織が必要になる。このため、二〇〇二年四月につくられたのが、各部門の執行役員で構成されるＣＳ推進会議であり、現場の実務部隊であるＣＳ推進室だった。

つまり、ＣＳ推進会議とＣＳ推進室の創設は、顧客相談窓口的な発想とは少し次元の異なるもので、米同時多発テロとＪ・Ｊ統合という事業環境の激変に対応した、経営再建の根幹に関わる重要なミッションを負ったものだったのである。

縦割り組織に横串を通す

では、それまで、ＡＮＡではどのようなＣＳ活動をしてきたのだろうか。ＣＳを担当する組織としては、すでに一九八九年に営業本部の中にサービス推進部ができていた。その後の、ＡＮＡのＣＳ組織の変遷をたどると図表2のようになる。

一九八九年のサービス推進部の設置と同時に国際線の機内に「コメントカード」が設置され、顧客が書いた意見や要望が直接サービス推進部に届けられるという仕組みが導入された。それまで、顧客からの意見や要望は、客室乗務員、予約センター、空港の地上係員などサービスフロントのスタッフが個々に受け取り、それぞれの部門で集約してレポート

図表2　ANAにおけるCS組織の変遷

1989年	営業本部サービス推進部設置
	国際線にコメントカードを導入
1996年	「お客様の声」レポート発行
1997年	カスタマーデスク設置
1998年	国内線にもコメントカードを導入
2001年	インターネット窓口での対応開始
2002年	CS推進室設置
	CS推進会議設置

を書き、担当部門に伝えるという方法をとっていた。それが、コメントカードの設置により、一カ所に集約することになったのである。

ただ、サービス推進部の時代は営業本部内の一組織という制約から踏み出すことはできなかった。顧客から苦情や意見があったときには、それを迅速に担当部門に伝えることはできた。例えば、航空機材や整備に関連した苦情があった場合、クレームを整備本部に伝えることはできた。しかし、最後の問題解決までフォローすることはできず、担当部門に任せるしかなかった。

その結果、寄せられた顧客の声も、各部門の事情のなかで取り扱われるために、ANA全体として改善策が確認される体制にはなっていなかった。顧客サービスについて、改善の余地が多く残されていたのである。

現代の航空会社は、パイロットや客室乗務員、整備士など、それぞれの部門ごとに専門性が分かれ、専門業務を遂行しているプロフェッショナル集団である。プロフェッショナルを追求し、各組織の機能を研ぎ澄ましている。安全運航を確実にするためのプロフェッショナルとしてのコミュニケーションシステムも確立されてきた。

例えば航空機の運航における安全管理システムは、航空会社、ボーイングなどの航空機および部品製造会社、航空行政当局が三位一体となって、絶えず監理・改善されている。運航現場で発生した安全上の不具合は、パイロットや客室乗務員から直ちに整備に報告され、改善策の検討に入る。必要に応じ、航空機製造会社や航空当局より改善策の承認を受け、直ちに改善が施される仕組みが整っているのである。

その情報共有から対応までのスピード感こそが安全運航を支えている。ANAが安全運航を堅持できているのも、このような仕組みの上に成り立っているからに他ならない。

ところが、サービスに係わる不具合に対しては、このような制度的な仕組みがあったわけではない。同じANAグループであってもサービスの不具合については、感度が鈍いところがあった。たとえ同じ不具合が発生していても、自部門の課題でなければ、

「ああ、またか。とりあえず担当部署に伝えておこう…」

「どうせ言っても無駄だ…」

また、本来であれば直ちに対応しなければならない担当部署も、

「不具合は認識しているけど、今は他のことで忙しい」

「確かに主管部署だけど、うちだけでは解決できない」

「そんなクレーム件数で対応する必要があるのか。現場でうまく対応してほしい」

「改善に必要な費用を予算化していないので対応できない」


となってしまい、一向に改善につながらないという例が散見されていた。

二〇〇二年につくられたCS推進会議とCS推進室は、この部門間の壁を解消し、ANAグループ全体として顧客視点でシームレスなサービスを提供することを意識して、各部門に横串を通したCS活動を進めるために創設された組織だった。まさにグループ経営理念にある「お客様の声に徹底してこだわります」という言葉を具現化するためにつくられたのである。

失われた一〇年とANAの経営戦略

すでに述べたように、二〇〇一年秋に起きた米同時多発テロとJAL・JAS経営統合は、日本の航空業界の事業環境をドラスティックに変えた。しかし、そこに至るまでにも、ANAは九〇年代半ばから国際線の累積赤字とバブル崩壊の後始末のために、かなり徹底した構造改革に取り組んでいた時期が続いていた。

図表3　経営戦略の変遷

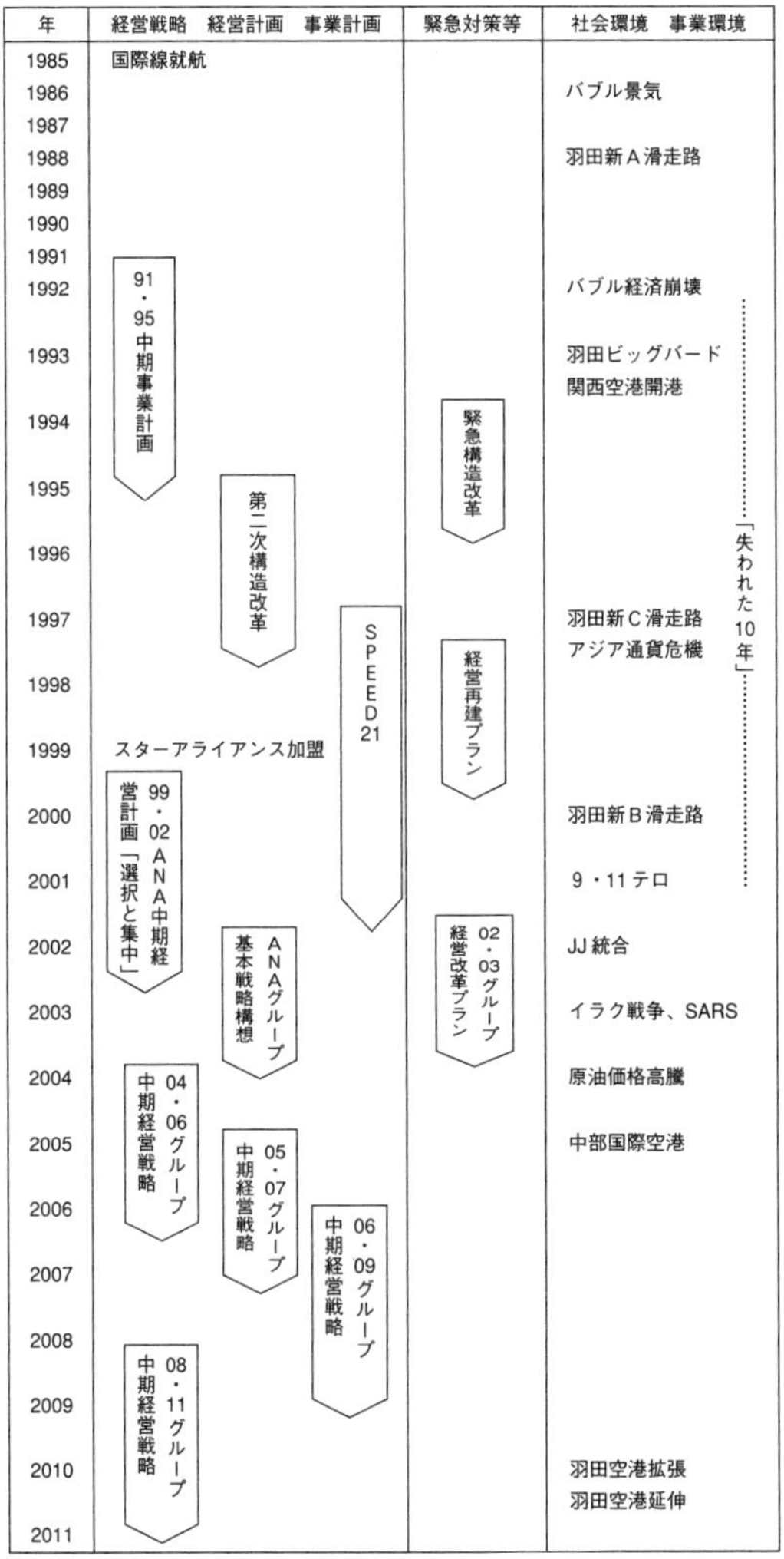
年
経営戦略　経営計画　事業計画
緊急対策等
社会環境　事業環境
1985
1986
1987
1988
1989
1990
1991
1992
1993
1994
1995
1996
1997
1998
1999
2000
2001
2002
2003
2004
2005
2006
2007
2008
2009
2010
2011
国際線就航
91・95中期事業計画
第二次構造改革
SPEED21
スターアライアンス加盟
99・02ANA中期経営計画「選択と集中」
ANAグループ基本戦略構想
04・06グループ中期経営戦略
05・07グループ中期経営戦略
06・09グループ中期経営戦略
08・11グループ中期経営戦略
緊急構造改革
経営再建プラン
02・03グループ経営改革プラン
バブル景気
羽田新A滑走路
バブル経済崩壊
羽田ビッグバード
関西空港開港
羽田新C滑走路
アジア通貨危機
羽田新B滑走路
9・11テロ
JJ統合
イラク戦争、SARS
原油価格高騰
中部国際空港
羽田空港拡張
羽田空港延伸
「失われた10年」

それをわかりやすく示したのが、図表3「経営戦略の変遷」である。一九八五年に悲願の国際線就航を実現したANAは、国内線の圧倒的優位を基盤に国際路線ネットワークの拡大を図ってきた。それはかなり大胆な量的拡大路線だった。そのツケは利益目標の未達という形で表れ、売上の伸びにふさわしい利益を得ることができない状況が続いていた。

そこでコスト対策を中心に数度にわたって緊急構造改革に取り組み、新規採用の凍結や外部委託業務の拡大、派遣社員の活用などにより固定費の変動費化とスリム化を図ったのだが、九〇年代を通じて収益面では依然として課題を残したままだった。

この積年の課題に改善の契機を与えたのが、九九〜二〇〇二年度の中期経営計画だった。「選択と集中」をキーワードに、過度の増収に走らず、収益性重視の中期計画を立てた。生産量も初めて前年よりも絞り込んだ計画だった。量の経営から質の経営へと、その第一歩を踏み出したのである。その結果、二〇〇〇年度に初めて利益目標をクリアできた。

それ以降の展開については、すでに述べたので省略するが、二〇〇二年の創立五〇周年に「新・創業宣言」を発表し、二〇〇二〜二〇〇三年の「基本戦略構想＋グループ経営プラン」の断行によって、二〇〇三年度には復配を達成することができた。二〇〇三年はイラク戦争、SARS騒動があったにもかかわらず復配できた成果は、ANAグループ全体に「頑張ればやっていける」という大きな自信をもたらすことになった。

利益目標の達成は、それ以降の二年ごとの中期経営戦略でも必ずクリアする状況をつくりだしてきた。その背後で、ANAのCSの取り組みが、経営戦略のパラダイム転換と結びついて展開していたのである。

現場が立ち上げた「CS21」

ここで、CS推進室の創設に至るまでには、これまで見てきた経営再建への取り組みとは別に、もう一つの源流があったことに触れておかなくてはならない。それは、二〇〇一年の年明けから、羽田空港における若手社員が中心となって立ち上げた「CS21」という現場からの改善プロジェクトである。

九〇年代後半は経営の構造改革のために、固定費の低減・効率化が進められたが、フロントライン（顧客と接する現場）では新たな雇用形態の導入や業務のアウトソーシング化が加速していた。そのことが、思わぬ問題を引き起こしていたのである。

羽田空港もその例外ではなく、空港係員に契約社員制度が導入され、勤務形態の異なるスタッフが混在するようになった。そのためコミュニケーション機会が減少し、相互の理解が不足するという状態が起きていた。これが職場内でのスタッフの士気や、サービスの提供に微妙に影響を与えているのではないか、という懸念も一部に出始めていた。品質向上とコスト削減の両立という重い命題を抱えて、現場の悩みは深まるばかりだった。

さらには、規制緩和を背景に、商品力の向上のため、マイレージや割引チケットなどのさまざまな営業施策や新しい商品が矢継ぎ早に投入されたが、その一方で、その受け皿となるフロントには疲労感が増していた。その多忙さから、ややもすると「まずはマニュアル通りにこなさなければ」という意識が強くなる傾向がみられるようになったのである。ましてや「プラスαのサービスをして差し上げたい」という意欲は減退することになるなど、顧客満足の向上を意識しつつも、現実にはベクトルがずれていくという状況にあった。

しかし、このような状況をなんとかしなければ、という想いも社内に生まれていた。それが形になる日がやがてきた。さまざまなジレンマの中でも、働くスタッフ皆が持てる力を存分に発揮し、輝いて働ける職場に近づける方法はないだろうかという思いから、若手社員が中心となって企画し、産声を上げたプロジェクト、「CS21」が誕生したのである。

その立ち上げメンバーの一人に、空港総務部の清水良浩がいた。清水は、九八年に東京空港支店（羽田空港）の人事・総務・予算・施設・その他組織横断的なテーマを担当する空港総務部に異動になっていた。当時を振り返って、清水は次のように言う。

「その当時、社内では雇用形態の複雑化などによって、職場の各階層で求められるマネジメントが難しくなっているのを肌で実感していました。

また、羽田空港は何といっても国内最大規模の空港ですから、思ってもみなかったトラブルがしばしば発生します。そうしたイレギュラーの再発防止のために、現場では発生した問題の究明を徹底的に行い、その対策を検討する風土がありました。

しかし、それが行き過ぎると、『なぜ間違えたんだ』とか、『なぜチェックしなかったんだ』と問いただす風潮が強まるリスクも否定できませんでした。もちろん、当人を責めるのではなく、あくまで同じ失敗を繰り返さないために厳しくなるのですが、指摘される側は、必ずしも素直に受け止めるわけではありません。

そうなると、知らず知らずのうちに、みんなが減点主義、マニュアル主義にとらわれがちになる。お客様にもう一歩近づいて、こうして差し上げたいと思っても、それを言い出しにくい。何かに挑戦したいと思っても、失敗して怒られるくらいなら万事そつなくこなしたほうがいいかな、という消極的な姿勢が見られたのです。

私たちは、はたしてこんな状態で、会社の目指すシナリオ通りに経営改善ができるのか、と疑問に思ったんですね。現場の一人ひとりのお客様への想いが自らのパフォーマンスとして体現され、それがお客様からの評価として認められるような土壌が重要なのであって、いくらカウンターやラウンジを良くするといったハード面の改善を行ったとしても、それを実際に運用をしていく『人』そのものの意識が変わらないと、お客様からの支持は得られませんから」（清水）

「CS21」は、このような現場の想いを受け、支店活動方針に掲げられた「他の追随を許さない顧客満足の実現」を目指す、支店内プロジェクトとして立ち上がった。

「がんばる→褒める→がんばる」のサイクル

プロジェクトでは、CSについて勉強し、議論を積み重ねた。人事部が自己啓発セミナーとして設定していた異業種交流のCS改革プログラム研修にも参加した。そこでは、サービス業における理想のクオリティ・マネジメントのあり方をテーマに、オリエンタルランドやリッツ・カールトンなど、定評のある会社のベンチマーキングを行った。オリエンタルランド出身のピープル・マネジメントの専門家の協力を得て、多角的にCSのあり方を検討し、CS活動の浸透度合いを測る評価スキームの構築を目指した。

その一環として、顧客に対する接遇が現実にどう行われているか、日頃の自分たちを客観的に認識してもらうために、ビデオカメラで撮った実際の映像を素材にセミナーを組み立てたり、働くフロントスタッフの目標イメージのシーンをまとめたビデオを作成したりして、モチベーション向上の仕掛けづくりをした。このときのことをプロジェクト事務局メンバーの一人は、次のように語っている。

「自分の日頃の姿を客観的に見つめ直してもらうために、本人には内緒で実際に接客しているシーンのビデオ撮りを行いました。その狙いは、悪いところを認識させるというよりも、本人のパフォーマンスの良いところに焦点を当て、その点について皆で褒め合うようにしたいと思ったのです。

悪い点については、人に指摘をされなくても自分で見ればいやでもわかりますから、そこはあえて触れない。いろいろ課題や意見はあったけれども、まず一歩踏み出してみよう、『がんばる→褒める→がんばる』というサイクルを徹底して回し続けることを優先し、定着させてみようという結論に至ったのです」

二〇〇一年五月にキックオフ会議を開き、同時に、リーフレットの配布や約七〇〇人のフロントラインスタッフに対して集中的にCSセミナーを開催し、前述のビデオ・ツールを活用しながら意識改革を進めた。

グッドジョブ・カード

さらに、職場内で「がんばる→褒める→がんばる」というサイクルを回していくための補強策として、「グッドジョブ・カード」という新しい仕組みを導入した。同僚同士で互いに「良い仕事をした」と思う人に、手持ちの「グッドジョブ・カード」を渡して称えるという仕組みである。これについて、フロントの代表として「CS21」の中心を担ったメンバーの一人、東京空港支店旅客部の熊本百花は、こう述懐する。

「グッドジョブ・カードは、自分がスキルアップして、お客様と接したときに喜んでいただきたい。自分も褒められ、お客様も嬉しい。そういう風土にしていきたいという思いから生み出されたものです。全員が毎月一枚だけ与えられて、その月にとてもいいパフォーマンスをしたと思った仲間に手渡すのです。お客様から見えない所でも、使われたベビーカーを一生懸命きれいに磨いているなど、直接的・間接的を問わず、お客様のためにいいこととしている内容はすべて対象となり、何でも自由に書けるカードです。

実はそれまでも「エクセレント・カード」というものがあったのですが、管理職が一〇枚くらい持っていて、「キミ、がんばったね」と上からもらうお褒めのカードでした。それはそれで嬉しいのですが、どうしても管理職の目にとまる人だけに偏る傾向があり

ました。そこで仲間のみんなが、お互いに渡し合えるカードを作ったのです」（熊本）

導入当初は、みな「このカードを誰にどんな基準であげればいいのか」と戸惑ったという。男性社員の中には「子供じみたことをして」と恥ずかしがる人もいたようだ。しかし、実際にカードをもらってみると非常に嬉しいもので、照れくさがっていた人ほど喜ぶようになった。何よりも、このカードを渡し合うようになってから、お互いに周囲の人の働きぶり・行動に関心を持つようになったのは大きな変化だった。

その後、内部で月刊情報誌「ＣＳ２１」を発刊して、グッドジョブの月間ランキング表彰を公開し、誰がどんな内容で「グッドジョブ・カード」をもらったのかがわかるようにした。この情報は、ＡＮＡのイントラネットでも公開した。

CS―REP

こうして東京空港支店内で始まった「ＣＳ２１」プロジェクトは、やがてＡＮＡ社内全体でも注目されるようになり、最後は経営トップで構成される経営戦略会議で、羽田の空港係員らのプロジェクトメンバーがプレゼンテーションをするまでになった。

そして、このプレゼンを経営トップが絶賛したことがきっかけとなり、メンバーには、全国五〇ヵ所を行脚してCSの意義やフロント業務の価値を伝え、共感の輪を広げていく伝道師の役割が与えられることになった。伝導師は「CS―REP（レプリゼンタティブ）」と名づけられた。

羽田空港を起点としたこれらの取り組みは、結果として空港旅客サービスの質の向上にも好影響をもたらした。それまで羽田空港は、利用人数が突出して多いため、きめ細かい対応が難しいという課題があった。その不利な条件により、国内の空港サービスを評価する社内のランキングでは長い間不名誉な評価に甘んじていた。「CS21」の活動開始からわずか一年後には、そのハンデを克服し、全空港中、一気にベストテンに食い込む位置まで伸びてきたのである。これは大きな変化だった。

プロジェクト「CS21」で培ったノウハウは、その後のANAグループ全体のCS活動のベースとなった。この活動を通じて、ANAグループの経営陣も社員も改めてCSの価値・重要性を再認識し、フロントラインの係員の自主的なCS活動や、グループで一体化した草の根的なCS活動に火がつくことになった。

ANAのCSを語るときに、その基盤にあるのは、客室乗務員や各サービス部門の五〇年の経験・蓄積に基づいた教育や品質管理の仕組みであることはいうまでもない。

それらがベースとなり、そこに「CS21」の取り組みが重なって、現在のようにグループで、あるいは職域を越えて、統一感をもってCSに取り組めるようになったのである。「CS21」で育まれた考え方・思いが下敷きとなって、後述する全社的なCS活動「ひまわりプロジェクト」へと発展していった。

「CS21」は、現場から自然発生的に生まれたプロジェクトだった。ANAの現場には航空会社としてやるべきことを真面目に、愚直に遂行する。その一方で、壁を破ってチャレンジもする。この一見相反する気風がバランスよく共存していたのである。

若手は自由闊達に現場で思いついたアイデアを管理職にぶつける。管理職は、それをしっかりと受け止めて、経営トップにまで押し上げていく。ANAには、このきわめて柔軟な組織力があった。経営トップはそれを全体的な視野から判断し、経営方針としてトップダウンでボトムに浸透させる。ANAのCSは、そうしたトップダウンとボトムアップが絶妙に響き合うなかでCSマインドが深化し、企業文化として根付いていったといえる。

第2章

「ANAらしさ」とは何か

ANAは大競争時代に備えて「アジアでNO・1のエアライン」を目指している。その目標を達成するためには「ANAらしさ」を見えるかたちにする必要があった。グループ社員が集まり、自らの「ANAらしさ」とは何かを問い、導き出したのが、「あんしん、あったか、あかるく元気！」だった。本章では、「ANAらしさ」の背景にあるものについて、ANAグループの歴史や置かれている環境、外部からの評価や具体的なエピソードなどから明らかにする。

大競争時代の到来

メガロポリス・東京の空の玄関、羽田空港は、二〇一〇年の完成・使用開始を目指して大規模な再拡張工事が進行中である。竣工すれば、羽田の発着容量は約一・四倍になる。年間発着回数は四〇・七万回に、一日当たりの便数でいえば、五五七便（一一四回）へと大幅な増便が可能になる。これまでより年間約一一万回、一日当たり一三七便増えることになるのだ。なお羽田空港の拡張は当初は二〇〇九年からの予定だったが、二〇一〇年に延期されている。

実は同じ二〇一〇年をメドに、成田空港も第二滑走路を二五〇〇ｍに延伸する計画が進んでいる。予定通り完成できれば、成田発着枠は年間二万回増える見通しである。

現在、ＡＮＡは国内線で一二五路線・一日九二〇便、国際線（グループ運航便）で五二路線・週七三〇便（二〇〇八年六月現在）を飛ばしているが、羽田と成田の発着枠拡大を合計すると、現在のＡＮＡやＪＡＬと同じ規模の航空会社がもう一社立ち上がるのと同じスケールになると見られている。この大きなパイを手にできる航空会社はどこか。これを機に、日本の航空業界が大競争時代に突入することは確実である。

ではＡＮＡは、この大競争時代にどのように挑戦しようとしているのだろうか。

ＡＮＡグループには前述のように二〇〇二年につくられた「グループ基本戦略構想

〈新・創業宣言〉」がある。

この経営理念をもとに、グループ経営ビジョンとして、「国内及び日本とアジア、そして世界の旅客・貨物輸送を担う航空事業を中心にアジアを代表する企業グループを目指す」ことを掲げている。

すなわち「アジアでNO・1のエアライングループになる」ことを目指すということである。「クオリティで一番」「顧客満足で一番」「価値創造で一番」の三つの「一番」をもって「アジアでNO・1」のエアライングループになることである。やがて来る大競争時代に勝ち残っていくには、まずこの目標をクリアすることが前提になる。

ANAでは、これまで数度にわたって中期経営戦略を策定してきたが、二〇〇八―二〇一一年度の中期経営戦略では、羽田と成田の発着枠拡大を視野に入れて、「イノベーションによる事業構造改革で収益性を向上」「アジアでNO・1」の実現、そして「NO・1を持続できる経営基盤増強」を掲げている。国際線や貨物事業などのグローバル化、機種統合や新機種導入の事業展開を進めようとしているが、ここでも「顧客満足度指標でアジアでNO・1」が経営目標として確認されている。

ＣＳを起点としたブランド戦略

ＡＮＡは「顧客満足度でアジアでＮＯ・１」という目標をどのように達成しようとしているのか。国内にはＪＡＬ、アジアではシンガポール航空（ＳＱ）など商品やサービスの面で定評のある競合会社がひしめいている。それらの企業と競争して、航空会社に求められる品質（安全性、定時性、快適性、利便性、経済性）やＣＳで評価を確保し、「アジアでＮＯ・１」になるためには、企業活動のあらゆる面で大変な努力が必要になることは言うまでもない。

その一環として、ＡＮＡグループ全体で取り組んでいるのが、ＣＳを起点としたブランド戦略の展開である。「お客様と共に最高の歓びを創る」をブランドビジョンとして掲げ、ＣＳを起点として一貫性、継続性をもってグループ全体で「ＡＮＡらしさ＝あんしん、あったか、あかるく元気！」を提供していくという取り組みである。

ＣＳを起点としたこのブランド戦略は、ＡＮＡグループ社内では「ひまわりプロジェクト」と呼んで推進している。「ひまわり」は、つぼみの段階では常に東の太陽を向いている。花言葉は〝あなたをみつめる〟。自分たちを未熟なつぼみのひまわりと自覚し、太陽になぞらえた顧客の声に絶えず耳を傾け、顧客と向き合うことで自らを鍛えて成長していこうという考え方である。プロジェクトの名称に「ひまわり」とつけたのは、そんな想いが込められていた。

このプロジェクトの事務局は、ＣＳ推進室のＣＳ企画部のほかに本社企画室と人事部が加わった三部室体制で運営され、ＡＮＡグループの経営計画や人材戦略と密接に連動して活動している。

「ひまわりプロジェクト」は二〇〇四年の経営計画を受けて、グループ各社の中堅社員で構成される特別チームを編成するところから動き出した。特別チームは、外部の専門家に学び、社内外からのヒアリングなどベンチマークを徹底して行うところから活動を開始した。ＡＮＡの強みや個性、顧客ニーズ、目指すべき将来像などを、時間をかけて徹底的に議論した。そして、最終的に顧客が期待しているＡＮＡの本来の姿である「ＡＮＡらしさ」を、「あんしん、あったか、あかるく元気！」という言葉にまとめた。

「ＡＮＡらしさ」を具現化するためには、グループ社員の価値観の共有が不可欠であり、すべての組織が「ＡＮＡらしさ」を発揮するためのプロセスを整備する必要がある。特別チームはこのように提案し、経営戦略会議でも承認された。その結果、二〇〇五年からは特別チームの活動に止まらず、ＡＮＡグループ全体の取り組みとして「ひまわりプロジェクト」を推進することになった。

「縦割りの打破」の狙い通り、グループ全体のブランド戦略に発展していったのである。

「ひまわりプロジェクト」については、第3章で詳述する。

ANAのCSは外からどう見られているか

それでは、ANAは、顧客や第三者からはどのような評価を受けているのか。外部からの客観的な評価を知る方法の一つに国内外のメディアや外部調査機関の調査がある。国内のメディアでは、「日経ビジネス」が発表する「企業トップが選ぶベストホテル・エアライン」で、ANAは二〇〇五年の国際線部門の総合ランキングで一位、北米路線、欧州路線、アジア・オセアニア路線の三部門のすべてでトップに立っている。特に北米と欧州路線では、客室乗務員の対応、座席、食事、機内エンターテインメント、地上での対応、運航(定時性、安全性など)の全項目で競合を抑えてトップにランクされた。これはビジネスクラスで、飛行機に搭乗してから降機するまで一人の乗客を同じ客室乗務員が担当する「パーソナルサービス」や、機内食を乗客の希望に応じて提供するレストラン形式の食事サービスなど、ANA独自のサービスが評価されたものである。

また、時間通り運航する、あるいは安全性が高いという項目でもトップにランクされた。それらは、整備部門や運航部門の現場やエンジニア、支援スタッフ等の目に見えない努力の成果ともいえる。

海外での評価をみると、米国の航空業界の月刊誌「エア・トランスポート・ワールド」(Air Transport World)で、ANAは「エアライン・オブ・ザ・イヤー2007」に選ばれている(同2008はシンガポール航空、2006はキャセイパシフィック航空)。これは、厳しい環境変化の中で、コスト削減と効率化に努めながらも、安全性、信頼性、高いサービスを発展させ、顧客から選ばれているエアラインであることが認められたものである。

航空業界のミシュランとして知られる英国の「Skytrax」の全世界ランキングでもANAは二〇〇四—二〇〇六年の調査でベストテン入りしていた。

ただし、海外での評価では、ANAよりもランクの高い航空会社はたくさんある。世界ランキングで毎年常連のように上位に入っているのは、シンガポール航空、タイ国際航空、キャセイパシフィック航空、エミレーツ航空などで、カタール航空、カンタス航空などの名前もみることができる。これをみてもわかるように、実は、アジアの航空会社が高い評価を受けている。しかも、評価がトップレベルで安定している会社もあるが、順位は常に変動している。「アジアでNO・1」になるためには、これら各社との激しい競争に勝ち抜いていかなければならない。そして「アジアでNO・1」は「世界でNO・1」の評価を得ることに直結するのである。

クローズド・ループ

外部の評価もあり、CSの先進企業と思われがちなANAだが、実は、顧客から寄せられる意見、苦情、問い合わせの数は多い。毎日飛び立つANAグループの運航便は約九〇〇便、一二万～一五万人が搭乗するが、利用者からはさまざまな意見が寄せられる。また、顧客から何も言われなくても、顧客に一番近いところにいるフロントラインの係員が「これは改善したほうがよい」と気づくこともある。ANAでは、そうした顧客の声や現場担当者の意見を聞き、商品・サービスの改善に活かしていく「クローズド・ループ」という仕組みをつくっている（図表4）。

これは、顧客や現場担当者の声をレポートにまとめ、データベース化し、多くの声の中から構造的な課題を抽出し、関係部署と課題別の会議を開いて、合議の上で改善策の立案・実施に役立てようとするもので、CS推進室が担当している。

課題の中でも、特に安全に関わるものは優先順位が高くなる。また、全社レベルで判断が必要な課題については、執行役員で構成されるCS推進会議に諮る。この会議は顧客の声のうち企業ポリシーに関わるものや多くの経営資源を必要とする課題について企業トップが審議する場である。現在は代表取締役副社長が議長を務め、営業推進本部、オペレーション統括本部、客室本部、運航本部、整備本部の各執行役員がメンバーとして参加し、

図表4　クローズド・ループ

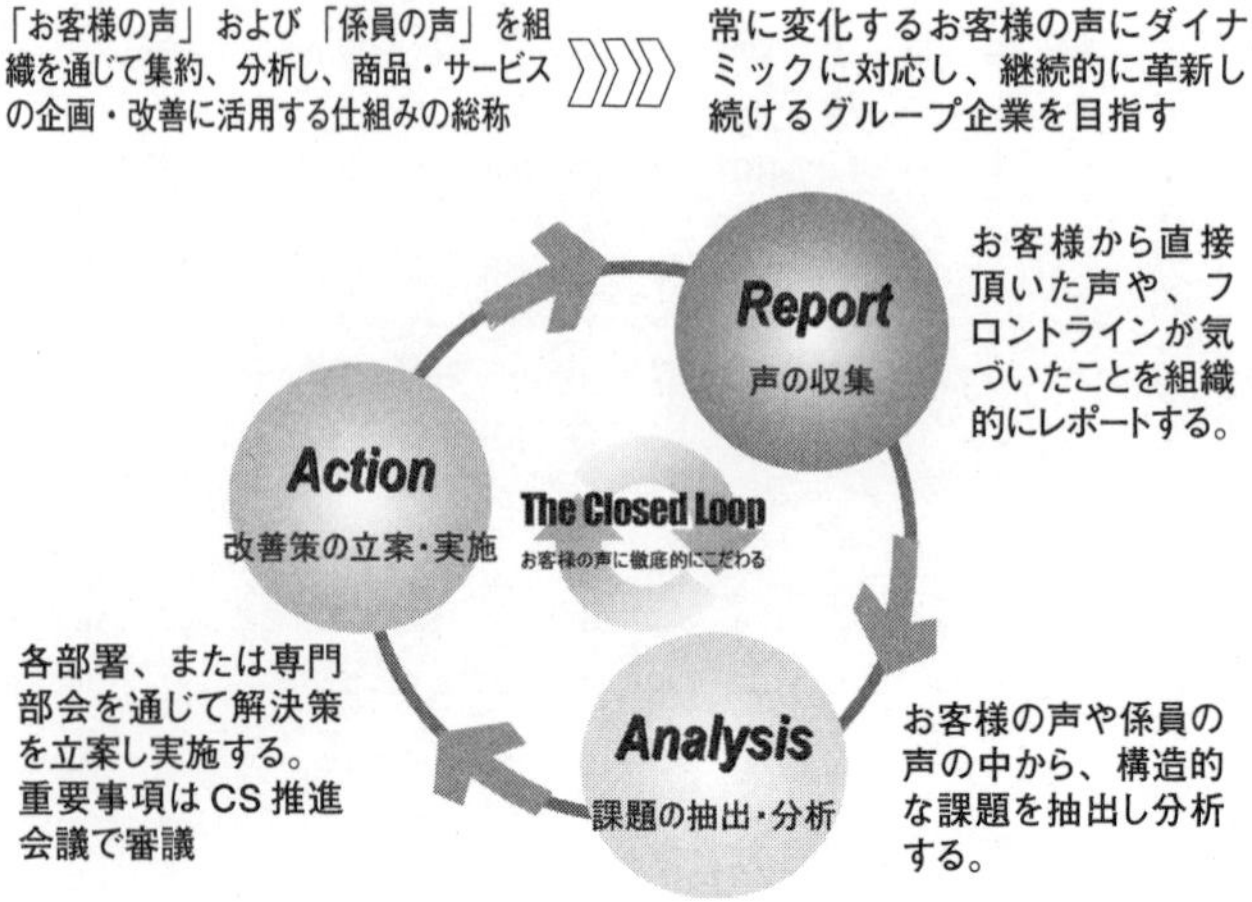
「お客様の声」および「係員の声」を組織を通じて集約、分析し、商品・サービスの企画・改善に活用する仕組みの総称
常に変化するお客様の声にダイナミックに対応し、継続的に革新し続けるグループ企業を目指す
Report
声の収集
お客様から直接頂いた声や、フロントラインが気づいたことを組織的にレポートする。
Action
改善策の立案・実施
The Closed Loop
お客様の声に徹底的にこだわる
Analysis
課題の抽出・分析
お客様の声や係員の声の中から、構造的な課題を抽出し分析する。
各部署、または専門部会を通じて解決策を立案し実施する。重要事項はCS推進会議で審議

事務局長はＣＳ推進室長が担当している。

この「クローズド・ループ」によって明らかになった問題点の分析結果や最終決定した改善策については、全社掲示板に掲示して周知を図っている。

また、顧客の意見を受けて改善した事例については、機内誌「翼の王国」や「ＡＮＡ ＳＫＹ ＷＥＢ」でも紹介している。顧客との信頼関係を築くことが狙いである。

このように、レポート（声の収集）→アナリシス（課題の抽出・分析）→アクション（改善策の立案・実施）という「クローズド・ループ」のサイクルを回すことで、さらに素早い対応、確実性、社員の参画感覚などの面で改善を積み重ねている。

国内線五〇年・国際線二〇年の経験

では、この「ひまわりプロジェクト」を始める前まで、ANAはCS活動にどう取り組んできたのか。その源流を知るために、ANAの歴史について簡単に触れておこう。

ANAは、二〇〇二年に創立五〇周年、二〇〇六年には国際線就航二〇周年を迎えた。日本の民間航空の歴史は、一九二〇年代、貨物・郵便の輸送から始まる。しかし、第二次世界大戦で発展の道が閉ざされ、敗戦後はGHQ（連合国最高司令官総司令部）の指令で、民間機は日本の空を飛ぶことを禁止された。

そんな状況下でも、いつか民間航空が再開されるのを夢見て、着々と準備を進めている人々がいた。元朝日新聞社の航空部長だった美土路昌一も、その一人だった。一九五〇年、朝鮮戦争の勃発ともにGHQから飛行禁止令が解除される方針が打ち出されると、美土路は財界への働きかけなど民間航空再開の動きを一気に活発化させた。

そして、日本が独立を回復した一九五二年、ヘリコプターと飛行機による航空輸送を事業とする日本ヘリコプター輸送株式会社（日ぺリ航空）を設立し、運輸省（現・国土交通省）から認可された。取締役社長には美土路昌一、取締役副社長に日本銀行出身の岡崎嘉平太が就任した。

美土路初代社長は、若い社員にも気さくに声をかけ、いつも「自分の足で歩け」という言葉で叱咤激励し、国の援助に頼らない純然たる民間航空会社として独立独歩、独立不羈の精神を社員たちに吹き込もうとしていたという。

日ぺリ航空は、一九五三年からヘリコプターによる営業を開始し、最初は貨物郵便から取り扱い、翌年からは旅客便も就航させた。一九五七年一二月には、極東航空と合併し、翌五八年三月一日、社名も新たに全日本空輸株式会社（全日空）と改め、新会社がスタートした。

新生全日空の初代社長には美土路、副社長には岡崎（後に二代目社長）が就任した。この頃、美土路が好んで色紙などに書いた言葉は、「和協」と「現在窮乏、将来有望」がある。「和協」（和して協する）とは、「和して同ぜず」の気概をもって互いに熱い議論を戦わせ、決断が下されたら一致協力して目的達成のために力を尽くすというメッセージが込められた言葉だった。

一方の「現在窮乏、将来有望」は、現在は厳しい状況にあっても航空産業は将来有望なので、夢を持って辛抱強く働いてほしいという思いを託した言葉である。企業にはよい時もあれば逆境の時期もある。どんなに苦しくても将来を信じて社員が一丸となって働けば未来は開ける、という意味にもとれる。

この二つの言葉は、その後の社内研修で繰り返し取り上げられ、いつの間にか全日空の社是・社訓として意識されるようになった。一般にANAの社風といわれる「社内で自由闊達に議論できる風通しの良さ」と、「困難に直面したときに発揮される求心力」は、この二つの言葉が精神的な支えとなって育まれたものである。

合併新社の全日空がスタートした頃から、日本経済は高度成長期に移行していった。航空旅客数も年々加速度的に伸び、全日空は、これに対応するため、より多くの乗客を乗せることができ、快適で、航続距離も長く、スピードも速い機材（航空機）の導入を図った。

やがて、地方空港の整備も進み、機材も高速性、快適性、座席数の多さなどで格段に優れたジェット機が飛ぶ時代が始まるが、そんな中、一九六六年二月、羽田沖でB727機が墜落、死者一三三人を出し、一一月には松山沖でYS11機が墜落して死者五〇人という事故が起きた。大事故はさらに一九七一年七月にも起きた。岩手県雫石上空で訓練中の自衛隊機がB727機と空中衝突し、乗客・乗員一六二人全員が死亡する大惨事が起きたのである。

相次ぐ事故で全日空への信頼は失われ、旅客数は大幅に減少した。まさに会社の存亡にかかわる危機を迎えたのである。このとき、全社一丸となって懸命に安全対策の建て直しを図ったことはいうまでもない。今日では定評のあるANAの安全体制の基本は、この時期の苦い経験を踏まえて生まれたものといえるだろう。

ところで、ジェット化により起きた「大量航空輸送時代」の開始は、その一方で「四五・四七体制」と呼ばれる国の航空政策の枠内での熾烈な競争の幕開けを告げるものでもあった。「四五・四七体制」とは、一九七〇年（昭和四五年）に閣議了解された「航空企業の運営体制」のことである。具体的には、①国際定期航路はJAL、②国内主要幹線はJAL、ANA、③国内ローカル線はANAとJAS、という棲み分けを示したものだった。ANAは、この規制された枠内での新たな競争時代を乗りきり、自らを「国内トップの航空会社」へと押し上げていったのである。

そして一九八六年には、ついにANAの悲願だった国際線進出も可能となった。これまで航空業界を縛ってきた「四五・四七体制」の枠組みが、事実上撤廃され、ANAにも国際定期路線への就航が認められるようになったのである。

その第一陣は、一九八六年三月に開設された東京―グアム線である。北米路線はその後、全米主要都市にネットワークを拡大する。さらに、ヨーロッパ路線は一九八九年の東京―ストックホルム線を皮切りに、ヨーロッパ全域に路線を展開。アジア路線も同年に東京―北京、東京―大連―北京線を同時開設して以降、東南アジア主要都市に次々に路線を拡充していった。

この間、一九九四年九月に関西空港がオープンしたのを受けて、大阪（関西）発豪州路線を開設したほか、中国や東南アジアと大阪（関西）を結ぶ便を大幅に拡充した。こうして、ＡＮＡはグループ運航として国際線で五二路線、国内線で一二五路線に就航する世界有数のエアラインとしての基盤を確立して二一世紀に至るのである。

その半世紀を超える歴史を振り返ると、ＡＮＡには

①純然たる民間会社として独立不羈の精神で事業に取り組んできたこと
②大型事故が多発したことを教訓に、ゆるぎない安全対策を確立したこと
③風通しのよい風土を背景に、絶えず新しいサービスの開発に努めてきたこと

という三つの特質があったことを指摘できる。

この三つの特質は、今ではＡＮＡのＤＮＡと化している。ＡＮＡの歴史は、航空会社に求められる五つの基本品質、つまり、安全性（安心して空の旅ができる）、定時性（いつも時刻表通りにフライト）、快適性（設備、サービス）、利便性（ネットワークの拡充）、経済性（受け取るサービスと比して）を向上させるために努力してきた歴史でもある。

これらの基本品質は、その一つでもレベルが落ちると、たちまち信頼を損ねてしまう。たとえどんな親切な客室乗務員がいても、トラブルが続けば、その会社の便には乗りたくないものである。だからこそＡＮＡはグループ全体で基本品質に取り組み続けているのである。

第3章

ひまわりプロジェクト
――CSを起点としたブランド戦略

「お客様を太陽としたら、ＡＮＡはひまわりのような企業グループになろう」。「あんしん、あったか、あかるく元気！」をスローガンに、ＡＮＡでは「ひまわりプロジェクト」が進行中である。究極のＡＮＡらしさを発揮して、「アジアでＮＯ・１」を達成しようとするグループ横断型のプロジェクトである。本章では、このプロジェクトが発足した背景、過程、そして答申内容とその後の活動状況について詳述する。ＡＮＡは顧客満足の向上により顧客の心をつかみ、何度も繰り返し利用してもらうことにより、結果としてＡＮＡのブランド価値を高めていこうとする「ＣＳを起点としたブランド戦略」を展開している。

「ANAらしさ」を「ひまわり」で表現

ＪＡＬ・ＪＡＳ統合、そして二〇一〇年に迫った羽田と成田の空港再拡張に伴う大競争時代の到来など、これまでの常識では対応できない経営環境の激変にどうすれば生き残っていけるのか。この危機意識から生まれたＡＮＡのブランド再構築戦略＝ひまわりプロジェクトは、グループ全体の経営戦略に位置づけられて組織的に活動を進めている。

ＡＮＡではブランド戦略が経営戦略の重要な柱の一つとされている。これまで述べた通り、二〇〇〇年以降、ＡＮＡは度重なる経営環境の変化に直面し、企業存続の瀬戸際に立つという危機を経験した。それは、九〇年代後半に実施したリストラだけではとても対処できない状況だった。

九〇年代後半の再建時にも、経営トップから社員一人ひとりに至るまでが危機感を共有し、一律賃金カットなどの痛みを分かち合いながら、グループ一丸となって構造改革を進めてきた。その努力があったからこそ、今日も世界の空をＡＮＡの青い翼が飛び、評価を得ているといえる。この間の経験は、大きな教訓となったに違いない。ＡＮＡは、その後も持続的にコストを意識した構造改革を進めてきた。

しかし、贅肉をそぎ落とすだけでは、顧客に選ばれ続けられるかどうかわからない。ＡＮＡが「ＡＮＡらしさ」すなわちブランド戦略にこだわるのは、この未曾有の危機を通じ、持続的な競争優位を確立するために、他の追随を許さない強いＡＮＡブランドの必要性を改めて痛感したからである。

エアライン事業には他の産業にはない五つの特質がある。

それは第一に、使用する航空機がどの航空会社もほぼ同じであることだ。各社ともボーイングやエアバスなどの限られた航空機メーカーの機材がほとんどである。航空機メーカーでは、大型化、航続距離の長さ、燃費のよさなどに特徴をもたせた新機材を開発しており、選択の幅も広がってきたとはいうものの、航空会社が自由に個性を発揮できるのは、座席の機能や配置など機内スペースの作り方だけといっていい。基本設計が同じである以上、機材によって他の航空会社と大きな差別化を図ることはできない。

第二は、空港もまた他社と共同で使用しているということである。最近でこそ、二〇〇四年に羽田空港第2ターミナルが完成し、一部を除きほぼＡＮＡグループの占有ターミナルとなったほか、二〇〇六年には成田空港第1ターミナルにスターアライアンスの加盟エアラインが集結した（Move Under One Roof）。このように、施設面で「ＡＮＡらしさ」をアピールできる環境が少しずつ整ってきてはいるが、それ以外の空港施設では、基本的に他社と差をつけることは困難な状況にある。

第三は、提供するサービスや運賃が、すぐに真似されやすいことである。九〇年代後半、航空運賃が自由化され、ＡＮＡは他社に先駆けて「早割」（早期購入者割引運賃制度）や「超割」（期間限定バーゲン型運賃）、あるいは全国一律一万円で「一日乗り放題」など新たな運賃を提案してきた。これにより新たな航空需要が掘り起こされ、これまで飛行機を利用していなかった人にも利用してもらう機会を創出することができた。しかし、こうした新運賃を発表すると、直ちに他社が追従してくるのが実態だ。

ファーストクラスにフルフラットシートを導入したのもＡＮＡが最初だったが、今では世界のエアラインで当たり前になっている。機体にクジラのペイントを施して、子供たちに夢を与えた空飛ぶクジラ「マリンジャンボ」も、当時は世界で例のないＡＮＡ発信の試みだった。これも今では珍しいことではない。その後も「ポケモンジェット」の就航など、人目を引く機体ペイントの元祖として健闘を続けているが、他社も別の機体ペイントで対抗している。このように、ある航空会社が提案した運賃やサービスが、すぐに他社によって真似をされるのは、航空業界の構造的課題ともいえる。

第四は、提供するサービスは顧客との接点が多く、対面サービスの占める比率がきわめて高いことである。今やどこの企業でも「いかに顧客との接点を増やし、信頼関係をつくり上げるか」が企業戦略の柱とされている時代であるが、特に欧米路線の機内などでは、実に一〇時間以上も顧客と接する機会がある。

第五は、航空会社が提供する商品は、顧客の手元に物品としては残らず、旅や接客時の「印象」や「体験」のみが記憶として残ることである。

これら五つの特質から、他社と差別化するには、従来の視点を変える必要があることがわかる。機材や空港、チケットの個々のサービスだけではなく、セールス→予約→空港→機内→到着という一連の顧客接点の流れのなかで、全体として、そして一貫して「ANAらしさ」を感じてもらうこと、が必要になる。それができて初めて「ANA」をブランドとして認知してもらえることになるだろう。

二〇〇四年度経営計画書

話を「ひまわりプロジェクト」に戻そう。このプロジェクトの発端は、二〇〇四年四月に発表されたこの年度のANAグループ経営計画にある。その中に持続的競争優位を確立するためのブランド戦略の必要性が謳われ、アクションプランとしてゴール(=他の追随を許さない「ANAらしさ」を確立する)までのプロセスが、三つのフェーズ(段階)に分けて書き込まれていた。

フェーズ1では、「ANAらしさ(=DNA)の定義」を目標とし、①「ANAらしさ」について、グループ・部門の垣根を越えて徹底的に議論し、その「理想モデル」を具現化する、②グループ全体で共有化した「理想モデル」を具体的な行動レベルに落とし込み、ANAグループ共通の尺度を「定義」し、共有化することが記されている。

フェーズ2では、「ANAらしさを組織のすみずみまで浸透させる」ことを目標として、①ANAブランドの基盤となる仕組み・システム（教育制度、マニュアル等）にANAらしさ（＝DNA）を反映させる、②各部門が率先して自らの先進事例・ノウハウを開示し、「ANAらしさ」を強化しながらグループ全体への水平展開を推進する、という二つのプロセスが明記してある。

そして、その到達点として、他の追随を許さない「ANAらしさ」が確立されることが想定されている。ここで興味深い点は、このプロセスを象徴的に表現するために、一輪のひまわりの花が描かれていたことである。

ひまわりの根っこには「ANAらしさ」の共有化が描かれ、茎からは本社部門、営業部門、客室部門、運航部門、貨物部門、空港部門、整備部門などの葉がそれぞれに伸びている。その上に「〇九年にはANAブランドをアジアでNO・1に」と書かれた大輪のひまわりの花が描かれていた。ひまわりの花が「ANAらしさ」の象徴として登場したのは、この時が最初だった。

プロジェクトチーム始動

この二〇〇四年経営計画を受けて、アクションプランの具現化のためにＡＮＡグループの各社・各部門から募ったメンバー二八名（いずれも三〇～四〇代の業務に精通した中堅社員）による特別チーム（期間限定のプロジェクトチーム）が立ち上がったのは、二ヵ月後の二〇〇四年六月のことである。活動期間を六月から一二月までの六ヵ月間と限定してのスタートだった。

メンバーの内訳は、本社部門から三名（ＡＮＡ総合研究所、広報室、カスタマーサポート部）。営業推進本部から六名（営業戦略部、商品企画部、マーケットコミュニケーション部、教育訓練部）。オペレーション統括本部三名（旅客サービス部、オペレーション企画部、グループ企画部）。客室本部二名（品質企画部、教育訓練部）。運航本部二名（企画推進部、Ｂ７７７乗員部）。整備本部名二名（企画管理部、教育訓練部）。貨物郵便本部一名（業務部）。ＡＮＡグループ各社五名（エアーニッポン、ＡＮＡセールス、国際航空事業、ＡＮＡテレマート、ＡＮＡホテルズ）。そして事務局は四名（事務局長＝ＣＳ企画部長、ＣＳ企画部、企画室、人事部）という陣容である（部署名はいずれも当時）。

二八名のメンバーは、まずフェーズ１の目標である「ＡＮＡらしさ（＝ＤＮＡ）の定義」を明確にするために、徹底的に議論するところから始めた。同じＡＮＡグループに勤めながら、日頃は話す機会のない部門や会社のメンバーとの議論は、発想の違いから噛み合わないこともあった。

営業畑一筋の人もいれば、B777の機長や客室乗務員もいて、会議や議論に慣れたスタッフばかりではない。また、グループ各社から参加したメンバーにとっては、本社のプロジェクトで、親会社の社員に対してどこまで本音で話していいのか戸惑いがあったのも事実であろう。

そんな中、プロジェクトの第一回のミーティングで、このプロジェクトの最高責任者である中野雅男（CS推進室担当常務取締役、当時）は、メンバーに対して次のような挨拶をしている。

「このプロジェクトでは単に風土改革とか、言葉の定義をしようというものではない。競争に打ち勝つだけの戦略を策定してもらうということを確認してほしい。ぜひともわかりやすいものをまとめてほしい。難しいと覚えきれないし、浸透しない。グループ内にも基本理念や行動指針、種々のビジョンがあるが、『お客様に徹底的にこだわる』ことと、『アジアでNO・1になる』の二つは社内で確実に共有されているようだ。そのように、わかりやすいメッセージを発信してほしい。

このプロジェクトが目指すものに『ひとが織り成す強いＡＮＡブランド』というものがあるが、岡崎嘉平太・二代社長が残した『信はたて以と（糸）、愛はよこいと、織り成せ　ひとの世を美しく』という言葉がある。どんな商品やサービスも必ず真似されるが、それを支える『ひと』が織り成す企業文化はとても真似ができない。やはり最後は人である。航空会社ではひとが力を発揮して初めてブランドになる。

グループ企業から各組織の代表としてプロジェクトに参加し、日常業務を抱えながら議論するのは大変だと思うが、ぜひとも所属組織ではなくお客様の視点で議論し、今後一〇年以上残るようなものを創りあげていただきたい」（中野）

徹底した議論による「ＡＮＡらしさ」の探求

特別チームのメンバー全体が集まる会議は全部で一三回に及び、泊まりこみの合宿も二回ほど実施した。大げさにいえば、幕末に諸藩の志士が藩や身分の壁を乗り越えて、国家の未来像を徹底的に議論して明治維新の原動力となったのと同じように、部門や会社の違いを越えて「ＡＮＡらしさとは何か」について熱く語り合い、今後のＡＮＡのあるべき姿を探究しようとしたのである。

当初部門間の壁からギクシャクしていたメンバー同士の議論も、回を重ねるごとに熱を帯びてくる。ピークは九月末の中間報告会を迎えた頃だった。中間報告会とは、事務局であるCS推進室、企画室、人事部の各部室長以下マネジメント一〇数名を前に、三チームに分かれて、それまでに議論し、たどり着いた「ANAらしさ」について報告するという会議である。

メンバー間で侃々諤々《かんかんがくがく》の議論を尽くしたことで、それぞれの頭の中にはおぼろげながら「ANAらしさ」についての共通の像を結び始めていた。しかし、まだ役員や部長クラスに報告できるほどまとまってはなかった。各チームは、全体会議とは別に、休日にも集まって議論を重ねた。

なかでも一番の争点になったのは、「『ANAらしさ』とは、いったい誰に対するものなのか」という議論だった。これは大きく二つのグループに分かれた。一方は、「『ANAらしさ』は、あくまでもお客様が感じるもので、自己満足になってはならない。ANAとして、他社に真似できない価値をどのようにお客様に提供できるのか、また、何がお客様から期待されているのか、それがもっとも大切なのだ」とする顧客視点のグループ。

他方は、「ANAらしさとは、グループ社員一人ひとりが共通して持っている強烈な個性や価値観であり、企業のDNAのようなもの。このプロジェクトは、お客様にどう見られたいかを検討するのではなく、ANAという企業の個性を明確にし、それを愚直に発揮し続ける仕組みをつくることだ」とする、DNA&プロセス視点のグループである。

この議論は中間報告会では決着がつかず、最後まで事務局を悩ませることになった。しかし、両者がそこまで徹底的にこだわったからこそ、後ほど詳述する概念にたどり着くことになる。

特別チームは、メンバー同士の議論ばかりでなく、各地の事業所に赴いて現場の社員との意見交換も実施した。訪ねた事業所の数は国内で全国一二カ所にのぼり、海外はロンドン、ロサンゼルス、北京に飛んでANAグループに働く社員との意見交換を行っている。意見交換は経営トップとも行った。社長の大橋洋治や副社長の山元峯生(いずれも当時)らとのダイレクトトークの場を持ったのである。このほか、グループ社員(海外を含む)約三万人を対象にアンケート調査を実施し、「あなたの考えるANAらしさ」や「各種社内メッセージの理解、浸透度」、「見習うべき企業」などについて尋ねた。

また、イントラネットを開設してプロジェクト活動の主旨と活動の進捗状況やミーティングの議事録などを公開したほか、掲示板機能を使ってANAグループ社員の意見を収集した。とにかく徹底的にオープンに議論し、周囲の社員を巻き込んでいくべきだというのが、プロジェクトメンバー共通の意思だったからである。

社員がそれぞれ自由に「ANAらしさ」を表現し、思いの丈をぶつけた。さまざまな意見が飛び出したので、後でそのとりまとめに事務局として大変苦しむことになったが、グループ会社のプロパー社員から経営トップまで、実にバラエティに富んだ「ANAらしさ」論を展開することができた。メンバーたちにとって何よりも嬉しかったのは、この議論の過程で、ひまわりプロジェクトの存在や、「ANAらしさ」を検討することの意義が社員の間に共有され始めたことである。

以上のほかにもブランド理論の第一人者、前東大教授の片平秀貴（丸の内ブランドフォーラム代表）、リッツ・カールトン・ホテル日本支社長の高野登、元オリエンタルランドマネジャーの鎌田洋（ヴィジョナリー・ジャパン代表）、本田技研工業経営企画部長の小林三郎、『全日空が日航に負けない理由』（一九八七年、毎日新聞社）の著者でジャーナリストの片山修、横浜国立大学大学院助教授の谷地弘安など多彩な社外講師のレクチャーを受講したり、CS活動で定評のある花王、ホンダ、東芝などとの企業交流も行った（役職名はいずれも当時）。花王では、消費者の声をきめ細かく収集し、商品の改善や新商品開発に生かしているエコーシステムなどについて詳しく取材した。これらの企業研究やレクチャー受講は、特別チームのメンバーに、多大な知恵と勇気を与え、その後の議論を深める役割を果たした。

この他、顧客満足度調査や社員満足度調査あるいは日経リサーチ、リクルート社などの実施している各種調査の洗い出しと活用、あるいは定評ある参考書籍に当たったりと、考え得る限りの手段を尽くしてANAグループで共有できる「理想モデル」の絞り込み作業を行った。

変革のプロセスを盛りこんだ答申書

特別チームの活動の成果は一二月に答申書としてまとめ、グループ経営戦略会議に提出した。ここで初めて「あんしん、あったか、あかるく元気!」というフレーズを、顧客がANAから感じ取る価値を表現したものとして用いている。そしてその「ANAらしさ」は、ANAグループのDNAともいうべき「マインド&スピリット」と組織の「発揮プロセス」の掛け算から生まれるものであり、なおかつ絶えず変化する「お客様の期待」を常に超え続けるべきだ、と図表5の等式のように定義した。

また、答申書では、この等式をさらにわかりやすく、多くの社員と共有できるよう、ひまわりの花をANA、太陽を顧客となぞらえてモデル化した。

図表5 「ANAらしさ」の定義

「ANAらしさ」
=「マインド&スピリット」×「発揮プロセス」
≧「お客様の期待」

図表6　ANAらしさのモデル化

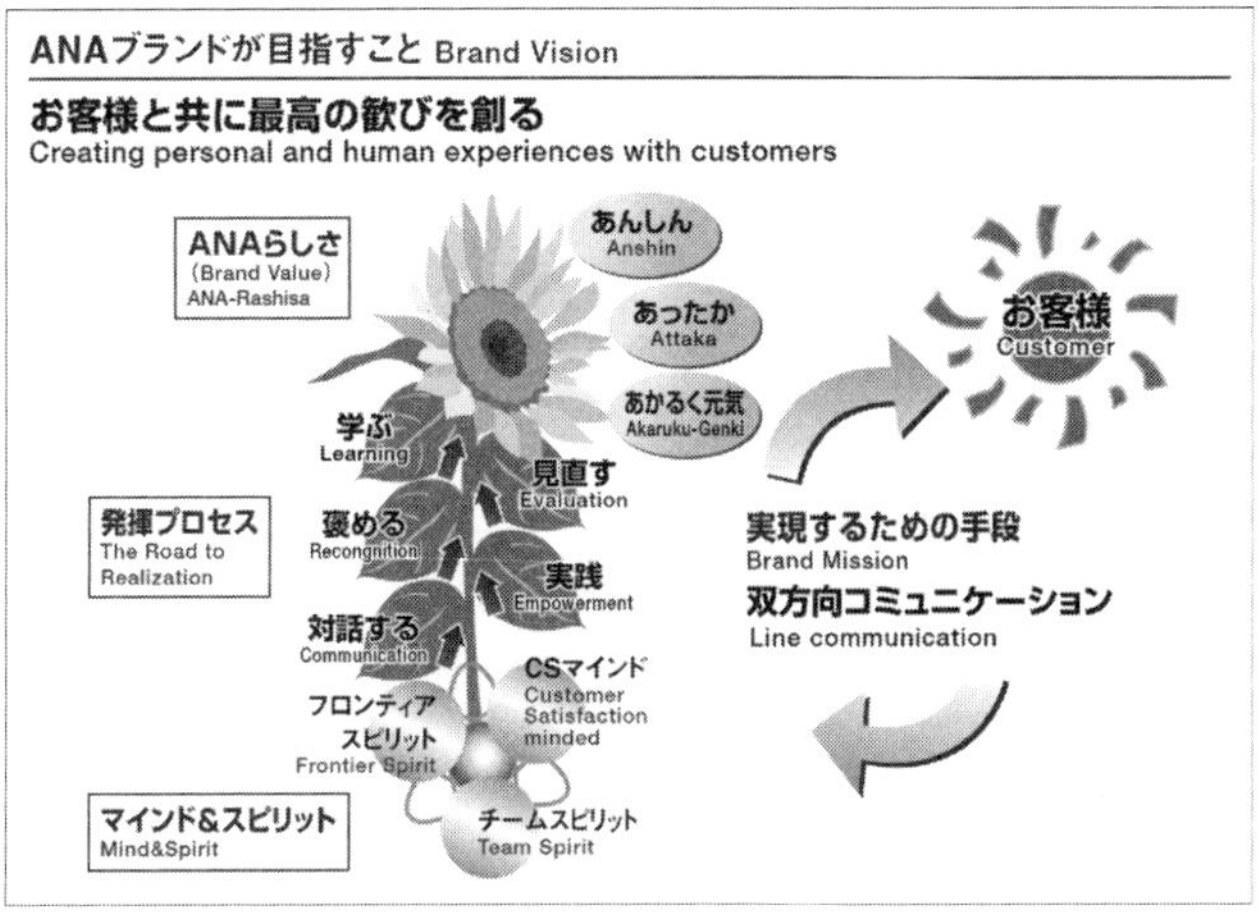

ひまわりの花は、常に太陽である顧客を向いているべきANAグループの象徴として二〇〇四年経営計画から用いられてきたが、答申書の表現は一段と進化したものになっている。

ひまわりの根っこの部分は、ANAグループのDNAともいえる、社員の想い、すなわち「マインド&スピリット」として描いた。大地にしっかりと根を張ったANAグループの根幹を成すものとして、「CSマインド」、「フロンティアスピリット」、そして「チームスピリット」と定義している。

また、大輪の花を支えると共に、根っこから養分を吸い上げ、ひまわり全体に運ぶ茎や、太陽の恵みをいっぱいに吸い込んで光合成をする葉については、「学ぶ、褒める、対話する、見直す、実践する」というANAらしさの「発揮プロセス」として描いた。

根っこで「マインド&スピリット」が培われ、茎・葉にそれを外に形にして表す「発揮プロセス」の仕組みがあり、その上に「あんしん、あったか、あかるく元気!」な「ANAらしさ」の花が常に太陽（顧客）に向かって元気に咲くというイメージを描いたのである。しかも、その「ANAらしさ」は、常に顧客の期待以上であるべきだ、としたところに改革へのメッセージを込めたのである（図表6）。

「ANAらしさ」とは、顧客が感じるANAの個性、強み、期待である

答申書の「ANAらしさ」=「あんしん、あったか、あかるく元気!」について、もう少し詳しく説明すると、それは「お客様が感じるANAの個性、強み、期待といったものの複合であり、それが今度はANAスタッフの言動や立ち居振る舞いを写し出し、自省を迫る鏡にもなる」ということである。

言葉の一つひとつは非常に簡単な単語であるため、どこの企業が掲げていてもあまり違和感がないかもしれない。しかし、ANAグループの社員であれば、言葉の一つひとつに込められた、想いや願いが感じられるはずだという。では、答申書に込められた想いとは何か、それぞれのキーワードごとにみておきたい。

①あんしん

まず、最初は「あんしん」についてである。「答申書」では

〈プロフェッショナル集団ANAが約束するお客様にとって最高の価値、それが「あんしん」である。お客様はANAだから選ぶ。ANAだから当たり前だと思う。そんなお客様をANAは絶対に裏切らない〉（答申書）

と記している。

ANAグループの安全理念は、「安全は経営の基盤であり社会への責務である」というものである。この理念の下に、あらゆる業務を通じて運航の安全や機材の信頼性向上に努めてきた。過去には重大な連続事故を発生させ、多くの顧客の尊い命と将来を奪うという悲惨な経験もしたが、それ以降は、組織や教育訓練の見直し、規定・基準やマニュアルの徹底など、ANAグループのあらゆる組織で安全に係わる取り組みが実践されてきた。安全の追求は航空産業にとってすべてに優先され、終わることがないものである。

しかし、顧客から見れば、安全の積み重ねは「あんしん」の必要条件だが、十分条件ではない。例えば、台風などの影響により、離陸時に気流の悪いところを飛行しなければな

らないことがある。そんな場合は、どんなに完璧に整備された航空機を用意して、適切に訓練されたパイロットが完璧な操縦を行っても、やはり少なからず揺れてしまう。飛行機が揺れれば、乗客はやはり「不安」になる。これは大自然を相手に事業を営むものとして避けられないことである。

ところがプロフェッショナル集団ANAはそれを天候のせいだからといって、あきらめない。パイロットやディスパッチャーと呼ばれる運航管理者は、常に当日の気象状況を観察し、適切な運航に努めている。これは客室乗務員や空港の旅客係員も同様である。「今日のルートならこのあたりで強く揺れそうだな」と予測できれば、ANAのパイロットは離陸前の機内で次のようなアナウンスを入れるという。

「操縦室よりお知らせいたします。今日もANAをご利用いただき、誠にありがとうございます。本日は台風○○号が接近している影響で、離陸後、約五分ほどしますと、強く揺れる恐れがございます。しかし、飛行の安全にはまったく影響ありませんので、ご安心ください」

この間わずか十数秒である。しかし、このアナウンスがあるのとないのとでは、乗客の心理は違ってくるのではないだろうか。「あんしん」とは「安全」よりもさらに顧客の心に踏み込んだ概念と言えるかもしれない。

適切な整備、安全運航はもちろんのこと、約束の時間に遅れないこと、期待したサービスが受けられること、たとえ何らかのイレギュラーがあってもきちんと対応してくれること、的確な情報提供を通じて不安を事前に取り除いてくれること、納得のいく料金であること、嘘をつかず当たり前のことを当たり前にできること。どれ一つが欠けても「あんしん」は損なわれてしまう。

ANAグループの客室本部では、以前から大切にされてきた言葉がある。それは「小さなことほど丁寧に、当たり前のことほど真剣に」である。「あんしん」という最高の価値の原点も、そこにあることを再確認したいのだという。

②あったか

〈ANAの空の旅は、旅を選ぶ時から「あったか」く、旅を終えた後が一段と「あったか」い。親しみやすい対応、心のこもったおもてなし。体温を感じるエアライングループ、ANAと過ごす旅はただの移動ではない〉（答申書）

ＡＮＡグループ経営理念の一節には、「いつも身近な存在であり続けます」という誓いの言葉がある。空港や客室におけるＡＮＡスタッフの親身な接客は、以前から定評があったところである。

ＡＮＡグループに対するイメージを社内外の各種調査結果で分析すると、常に高い支持を受けているのが「親しみやすさ」という項目であるという。これは顧客との接し方について、先輩から後輩へと脈々と受け継がれてきたＡＮＡの接客姿勢からくるものらしい。

ＩＴ技術の進歩により、予約や空港での諸手続きなど、サービスはますます簡単・便利になっている。特にビジネスの目的で頻繁に飛行機に乗る人にとっては、ますますストレスのない旅行が求められてくるだろう。

しかしエアラインビジネスは、どんなに簡単・便利な世の中になっても、二地点を移動するだけの機械的なものではありえない。先進技術と人間味あふれるサービスの両方が大切なことは言うまでもない。親しみやすさという大切な個性を発揮していくことで、ＡＮＡグループは、他社には真似できない「あったか」サービスを提供していけるのではないか――答申書の背後にはそうした熱い想いが隠されている。

③あかるく元気

〈ＡＮＡは世界で一番「あかるく元気」なエアライングループである。活き活きと働くスタッフのとびっきりの笑顔、常に新しいことに挑戦する姿勢、そしてそれを結果に結びつける企業。ＡＮＡに接すると皆が元気になる〉（答申書）

「あかるく元気」な企業とはどのような企業をいうのか。何よりも、働いているスタッフ自身が、笑顔で活き活きと働いていなければ「あかるく元気」な企業とはいえないだろう。暗い顔をしたスタッフばかりでは、顧客に元気を届けることはできない。ＥＳ（社員満足）がしっかりしていなければ、ＣＳがうまくいくはずもないのである。

また、次々と新たなことにチャレンジし、顧客や社会に対して、常に新たな価値を提案できる、躍動感のある企業でなければ、元気な企業とはいえない。グループ経営理念の行動指針には「常に挑戦し続けます。」と書かれているが、戦後、純民間資本で新たにスタートしたＡＮＡの歴史は、絶えざる革新と挑戦の歴史でもあった。それを踏まえるなら、一歩前に踏み出してこそＡＮＡらしいといえる。

最後に結果を出せる企業でなければ「あかるく元気」な企業とはいえない。利益や品質などの結果を伴わない企業は、価値を生み出していることにならないからである。生み出した結果を次の元気の源にするサイクルこそが、継続的な発展につながる。ANAが常に「あかるく元気」な企業でいることで、顧客や社会、株主、そして社員などすべてのステークホルダーに「あかるく元気」を届けることができる――これが、「あかるく元気」という表現に込められた想いである。

マインド&スピリット

ひまわりの花を生み出す根っこは、「フロンティアスピリット」、「チームスピリット」、「CSマインド」の三つで構成される。これはANAのDNAともいえるものである。DNAとはいっても、何もしなければ、忘れ去られてしまう。「マインド&スピリット」を、すべてのANAグループ社員へと伝承し続けられるかどうかが、「ANAらしさ」の実現を可能にする試金石になる。

「フロンティアスピリット」は、「仕事への想い（常にあるべき姿を見据え、失敗を恐れず一歩前に踏む出すことにより継続的に革新を生み出すことを喜びとする心）」、チームスピリットは「仲間への想い（常に仲間を尊重し、全グループ一丸となり、お客様にとって最適な解を導き出すことで、共に成長することを歓びとする心）」。そしてCSマインドは、「お客様への想い（常にお客様の立場に立ってものごとに取り組み、お客様の歓びを自分の歓びとする心）」と定義された。

仕事への想い、仲間への想い、そして何よりも顧客への想い、この三つはどれか一つ欠けても仕事の満足が得られなくなるものである。このマインド&スピリットを持つことで、自分自身にやり甲斐や誇りが生まれ、生き生きと仕事をする結果、表情も明るくなり、その笑顔が周囲に反映して顧客をも幸せな気持ちにすることができる。

顧客が満足する様子を見て、また自分自身も新たな仕事への意欲が湧いてくる。顧客と双方向に歓びを交流・拡大していく好循環のサイクルが、こうして生まれてくるのである。

発揮プロセス

発揮プロセスとは、ANAグループ社員の「マインド&スピリット」に基づいた行動を支援し、それを確実に「ANAらしさ」にまで導いていくために、ANAグループすべての組織で重視している社内プロセスである。

前に述べたように、これには「対話する」「実践する」「褒める」「見直す」「学ぶ」という五つのプロセスがある。各組織のマネジメント層には、グループ単位、事業所単位、あるいは所属単位で、これらのプロセスを整えていくことを求めている。

グループ規模で整備が必要なプロセスは、毎年策定されるANAグループ経営計画に、組織・人材戦略として反映され、人事部がその進捗を管理する。また、各管理職に対しては、業績評価時の重点項目に反映され、目標設定と評価を行う。これら「発揮プロセス」の重要性や、プロセス整備に対する管理職の果たすべき役割については、新任管理職研修プログラムにも取り入れられた。

五つの「発揮プロセス」は、具体的には以下の内容である。

●対話する

〈「対話」は気付きと活力を生み出す場であり、全ての組織活動のスタートである。グループ内のあらゆる組織が相互理解を深め、常に新たな発想を生み出すべく「対話」の機会を組織的に支援する〉（答申書）

ＡＮＡの組織内には、スタッフが孤立して問題を自分だけで抱え込まないようにするために、各種の対話機会を創出する仕組みが整備されている。具体的には、社長をはじめとしたトップマネジメントと、現場のスタッフが直接対話する、「ダイレクトトーク」の実施や、イントラネット上に放談室（無記名で投稿できる電子掲示板）の設置、各空港ごとに実施している職種横断型の各種コミュニケーション活動、業務上の班会やブリーフィングなどの機会がある。

●実践する

〈社員一人ひとりの気付きを「実践」に結びつけるべく、組織的に「実践」を支援する制度を活用し、自立した社員と活性化した強い組織をつくる〉（答申書）

社員の「気付き」を実践に結び付ける手段として、現在ANAグループが力を入れているのが、ハリウッドの映画作りのようにテーマを決めて申請し、承認されればプロジェクトとして発足させる「バーチャルハリウッド」という制度である。これは、富士ゼロックスが大々的に導入し、成果を上げてきたことで有名だが、ANAでも富士ゼロックスの支援を得て、二〇〇四年度より開始し、いくつかのアイディアが具体的な形となっている。

他社に先駆けて新しいサービスを生み出すためには、このバーチャルハリウッドのような「実践」を支援する制度の充実が鍵を握る。このほか各種提案制度や、顧客満足向上に直接資する活動であれば、組織の年度予算に計上していなくても、CS推進室がその活動費を補助する、「お客様にこだわる特別予算」という制度を設けている。

フロントラインから、「実践する」ことを躊躇する理由を尋ねると、ほとんどが「お金がない」「時間がない」「人がいない」「やり方がわからない」そして「権限がない」ということに集約される。フロントラインの実践力を高めるためには、これらの「ない」を解消することが重要となるが、お金、人、時間は生産性に関わる項目、やり方と権限はフロントラインを支えるサポート機能やエンパワーメントに関わる項目といえる。

これらの阻害要因は一つ一つ丁寧に分析し、組織的にプロセス改善することが大切だが、おそらくもう一つ、フロントライン自身では気づいていないかもしれない重要なものがある。それは「勇気がない」ということ。すべての改革の構想や計画も、具体的な行動として実践されなければ絵に描いた餅である。では、「勇気」のある組織にするためには、何が必要なのか。それが次項に示す「褒める」プロセスである。

●褒める

〈素晴らしい仕事をした事例やお客様からのお褒めを組織で積極的に共有し、互いの仕事や行動を認め合う。これにより「ANAらしさ」を具体的な行動として共有する〉

（答申書）

ANAでは、これまで以上に社員間が「褒める」活動に力を入れている。具体的なエピソードを積み重ねることによる「ANAらしさ」のナレッジ化を試みている。これによりマニュアル化できない、一歩踏み込んだ行動の具体例を共有し、実践的な現場力の向上につなげているのである。

具体的には、顧客から届いたお褒めのメールや手紙をもとに、携わった社員を表彰する「サービスアワード」がある。また、前月に届いた顧客からのお褒めの中から厳選した事例を、毎月社員に配布する給与明細書の表紙に印刷している。給与明細書での事例紹介は、社員だけでなく家族からも大変好評だ。この取り組みは社員からの提案で、二〇〇四年秋よりスタートしたもので、

①「私たちの給料は、社長からではなくお客様から頂いている」
②「私たちはお客様から、運賃だけでなく感謝や歓びをも頂いている」

という意識付けを目的としている。これはまさに「お客様の声に徹底してこだわる」経営理念と「お客様と共に最高の歓びを創る」ブランドビジョンの具現化にほかならない。

この他にも、お褒めいただいた事例をまとめた「ANAエピソード集」の定期的な発行や、職場の仲間同士で互いの行動を褒め合う、「グッドジョブ・カード」などの試みが実施されている。

●見直す

〈各組織が「見直す」プロセスを健全に機能させ、グループ規模で改善サイクルを適切

にまわすことにより「ANAらしさ」の継続的な成長につながる〉（答申書）

ANAでは、顧客満足度調査の結果から、「ANAらしさ」がきちんと顧客に伝わっているかを評価し、社員満足度調査とともに活用することで、グループ社員の「マインド&スピリット」や組織の「発揮プロセス」の健全性を評価する試みを進めている。ひまわりプロジェクトで「見直し」が必要だ、と言っておきながら、自らの取り組み成果を見直さなくては整合が取れないからである。

こういうところに矛盾を感じた瞬間に、社員は会社の改革の本気度を敏感に察知し、推進、追従、批判のいずれの態度をとるかを決定してしまうだろう。ひまわりプロジェクトは、社員による「品定め」にもさらされているのである。

また、エアラインは安全性や定時性など、整備や運航における品質管理は徹底されているが、快適性や利便性、あるいは経済性などに関わる「見直し」については、まだまだ始まったばかりである。サービスの品質管理には改善の余地が大きい。

●学ぶ

〈組織的に「ANAらしさ」や「マインド&スピリット」を学ぶ場として、グループ共

通あるいは部門ごとの教育・研修プログラムに反映すると共に、日常の中で理念やANAらしさを学ぶ環境を整える〉(答申書)

具体的には、各種の教育研修や日常の朝中礼を通じて、継続的にかつ多重に社員の価値観に刷り込んでいくことを目指している。

以上、ここに挙げた具体的な施策は、従来から組織で運用してきた制度が中心で、目新しくはないかもしれない。しかし、具体的なプロセスと結びつけることによって継続的、持続的、かつ自発的に行うことが重要である。そこには「ANAらしさ」を具現化するためのプロセスを、組織的にビルトインしたいという想いが込められている。

計画から実行へ——会社の本気度を示す

どのようなものであれ、短期プロジェクトは、答申内容を経営会議で承認されただけでは実行力を持たない。ひまわりプロジェクトは当初より、二〇〇四年度の短期プロジェクトで「ANAらしさ」の定義とそれを浸透させるプロセスを明示し(フェーズ1)、二〇〇五年度以降に全社的に「ANAらしさ」を浸透させ具体的実践に結びつける(フェーズ2)

計画だったので、勢いをつけて一気呵成に実行フェーズへの移行を果たさなければならなかった。

そこで二〇〇四年度一二月の答申後、二〇〇五年度開始までの残りの期間で取り掛かったのが、次年度の経営戦略への反映と、実行部隊となるフロントライン各所への説明である。そもそも短期プロジェクトを一二月までとしたのは、答申内容を次年度の経営計画に反映させ、実行フェーズへの移行を確実なものにする必要があったからである。

社員に対し、会社の改革への想いが本気であることを示すためには、何よりも経営トップが宣言し、経営の重要なところにその計画や考え方が反映されることが重要である。

特別チームが提出した答申書の内容は、経営トップからも承認され、「二〇〇五年―二〇〇七年度、ANAグループ中期経営戦略」および「二〇〇五年度ANAグループ経営計画」のブランド戦略に反映され、それ以後、毎年度ローリングされることになった。ANAグループの経営戦略の根幹に位置づけられたのである。

図表7は二〇〇五年以降の経営戦略に公式に反映された新しいブランド戦略をまとめたもので、ここでは「CSを起点としたブランド戦略」が明快に描かれている。すなわち、従来からCS推進室が中心となって推進してきたCSの三本柱――①自発的な顧客価値創造の啓発、②競争力ある商品、サービスの提供、③戦略的なブランドコミュニケーション

図表7　CSを起点としたブランド戦略

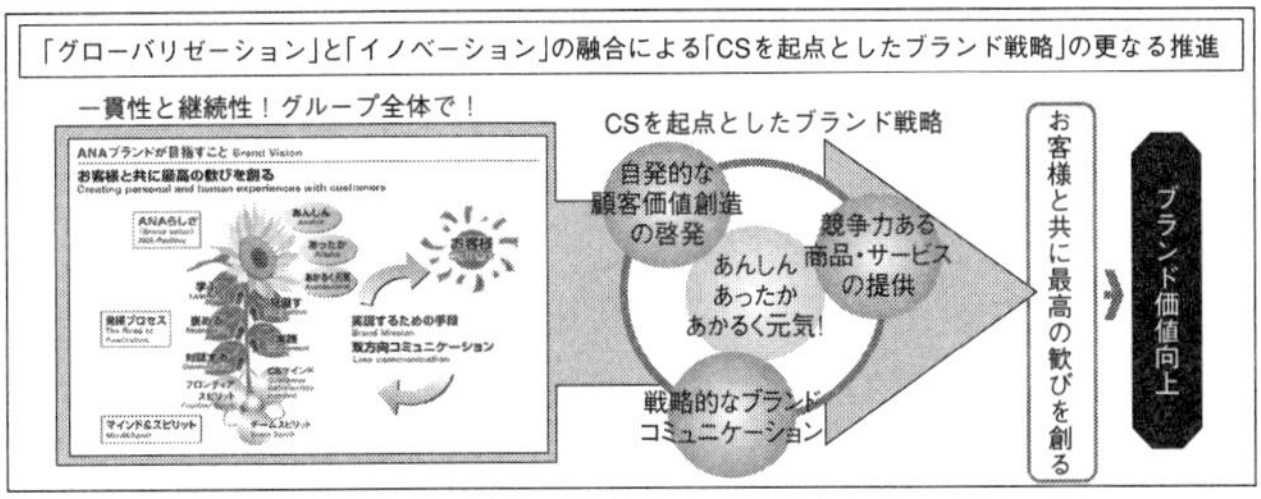

――これらを継続しながら、「ANAらしさの提供」を一貫して、グループ全体で実施していくことが描かれている。

ひまわりプロジェクトの答申内容を、グループ全体が、一貫性を持って継続的に活動方針に反映するために、もう一つ経営上重要な位置付けのものが変更された。それは、ANAのブランドコンセプトをひまわりの概念に照らして見直し、グループの社員全員が共有できるようにモデル化したことである。

それまでANAはコーポレートブランドを律する概念として、二〇〇〇年にヨーロッパ系のブランドコンサルタント会社の協力により策定したブランドプラットホームを掲げていた。そして、実際にこのコーポレートブランドを軸として、統一感ある商品、ロゴや商標、社員教育などを展開してきた。

このブランドプラットフォームの洗練された表現は、概念的には大変よくまとまっていたのだが、なかなかフロントラインには浸透しにくかったことも事実だった。そこで、ひまわりプロジェクトの答申を受け、「ANAらしさ」の考え方とブランドプラットフォームとの関係を次のように整理し、ひまわりの概念をブランドコンセプトに反映させることにした。

●目指すこと（ブランドビジョン）――お客様と共に最高の歓びを創る
お客様に徹底的にこだわる企業として、お客様の歓びを通じて私たちも誇りと自信を持ち、お客様とANAとの間で常にあらたな歓びを創り出していくというANAブランドが目指す姿。

●実現するために（ブランドミッション）――お客様と双方向のコミュニケーション
「思いやり」、「機転」によりお客様本位の対応を心がけ、お客様との双方向のコミュニケーションを行うことであり、ビジョンを実現するための手段、方法。

●ANAらしさ（ブランドバリュー）――あんしん、あったか、あかるく元気！
ANAグループのすべての企業活動を通じてお客様が感じる価値であり、ANAの強みや個性、そしてお客様からの期待。

●マインド&スピリット――CSマインド、フロンティアスピリット、チームスピリット。ANAブランドを支える全グループ社員共通の「想い」であり、常に変化するお客様の声にダイナミックに対応し、継続して進化するために社員一人ひとりが大切にしなければならないもの。

こうして、ひまわりプロジェクトの答申内容は、経営計画の中にビルトインされると共に、ブランドコンセプトにひまわりの概念が反映されたことで、ANAらしさの提供を柱とした「CSを起点としたブランド戦略」がANAグループ全体の経営戦略として重要な場所に位置づけられた。これにより、二〇〇五年度以降は、各部門と連携しながら、具体的な仕組みへと反映させていくことになった。

大橋社長（当時）は、二〇〇五年の年頭の挨拶で、次のように抱負を語っている。

〈昨年発足した「ひまわりプロジェクト」で、「ANAらしさ」についての検討を進めてきましたが、昨年暮れの経営戦略会議でその答申が出されました。これから広く社内でも周知を進めていくと思いますが、ANAらしさを表すキーワードは「あんしん、あったか、あかるく元気！」ということです。このキーワードをそのまま皆さんの心に落とし込んでいただき、その具体化に向けて取り組んでいきましょう。

二〇〇五年は、「アジアでNO・1」の基盤を確立するという重要な位置付けを持った一年です。これまでのところ順調に成果は上がっていますが、その成果はまだまだ

「つぼみ」に過ぎません。二〇〇九年に羽田の再拡張が完成した時に「アジアでNO・1」という大きな花を咲かせることが私たちの目標であり、厳しい経営環境が続く中で、まだまだ高いハードルを越えていかなければなりません。繰り返しになりますが、「挑戦！」という言葉をキーワードに、ANAらしさを発揮して「あかるく元気」に頑張っていただきたいと思います。今年はトリ年ですが、「とり」にふさわしい「飛翔の年」となるよう、ともに頑張ってまいりましょう〉

社内のあらゆる仕組みとの連動

こうして経営戦略としてのお墨付きを得てのちは、関連部署と連携して、さまざまな仕組みにひまわりの考え方を反映していった。このように、ブランド戦略を打ち立て、社員をその気にさせ、コンセプトを商品に反映させるやり方は、特別チームが当初に受講したオリエンタルランドやリッツ・カールトン・ホテル、花王やホンダなどの先進事例が参考になっている。

ANAグループ内で実施している各種教育・訓練、そしてサービスに関する規定や基準、品質管理の仕組みにも、「ひまわりプロジェクト」のマインド＆スピリットの啓発や発揮プロセスの考え方が組み込まれることになった。

教育・訓練では、新入社員教育、新任管理職研修、監督層リフレッシュ研修などの階層別の人事研修、さらには各部門および事業所教育でも空港スタッフ用サービス研修、マインド研修、機長研修、客室乗務員研修などさまざまな場で「ANAらしさ」を訴求するCSマインドの啓発とブランド教育を組み込んだ。

さらに、全国CS推進セミナーの開催や事業所におけるCS活動、CS推進リーダーの育成、コミュニケーション誌の発行やイントラネットによるCS関連情報の提供など、さまざまな機会や情報メディアを使ったCSマインド啓発のための仕掛けをセットした。

また、マニュアルや規定・基準、品質管理については、「お客様への接し方スタンダード」や、サービス部門のモニタリング調査項目、客室乗務員ハンドブックなどに反映させた。

これらのCS活動にゴールは設けていない。常により高い水準に向かって進んでゆく無限の活動であり、そのプロセスを通じて「お客様と共に最高の歓びを創る」ことができれば、ブランド価値の向上につながる、という考え方に立った戦略なのである。

コンセプトの共有のための活動

二〇〇五年二月から三月にかけて、特別チームは、ANAグループ二六社、四〇事業所のトップマネジメントへの個別説明と意見交換に全力をあげた。関連会社の社長や各事業所の支店長を含むフロントラインのトップマネジメントと、現場の実情や、ひまわりプロジェクトの目指すことを徹底的に意見交換できたことは、その後の浸透に大きく寄与することになったという。

そして三月以降、特別チームは、「ひまわりキャラバン」と称して、海外事業所も含めて六〇回、二〇〇〇名以上のANAグループ社員に対して説明会を開いた。キャラバンでは「あんしん、あったか、あかるく元気！」に込めた考え方や、プロジェクトチームの議論を交えながら説明すると共に、参加者同士で対話形式のグループワークをしてもらい、理解を深めてもらった。ここでも現場の生の声をたくさん浴びながら、「ANAらしさ」共有の必要性と課題認識を強めていった。

そのほか、「ANAらしさ」に関する日本語版および英語版のパンフレットを、全グループ社員と委託先のサービスフロントのスタッフに配布し、プロジェクトの背景や「ひまわり」に託した想いを伝えている。

また、ANAらしい行動を、具体的なエピソードで伝えようとしたのが、先述した「ANAエピソード集」である。「ANAらしさ」を端的に示していると思われるANAスタッフのエピソードを集めて、日本語・英語併記版の形に編集した小冊子である。少し長くなるが、その一部を紹介しよう。

●ダイヤモンドデスクの親切な対応に感謝

〈最近、ダイヤモンドデスク（プレミアム会員用予約デスク）の素晴らしい対応に助けられ感謝します。直接お礼を言う機会がないのでメールで失礼します。

先日、札幌から帰京する際、踏切事故で空港行きの電車内に二時間以上缶詰になりました。予約便に間に合わない状況でダイヤモンドデスクに電話したところ、最終便まで満席という状況の中、タイムリーに次便の空席状況等の連絡を頂き、車内、駅など騒然とする中でも慌てずに行動でき、家内と無事に帰京できました。電話対応していただいた皆様に感謝します。

また、ダイヤモンドデスクの方、空港カウンターの方、最悪に備えて予約した千歳ANAホテル（現ANAクラウンプラザホテル千歳）の方から頂いた「お気をつけて」などの一言で、ホッとして安心して行動できました。ありがとうございました〉

●機体整備工場見学でサンダルの修理をしてくれた整備士に感謝

〈先日は、整備工場見学をさせていただきましてありがとうございました。今回、感謝の気持ちを一言伝えたくて手紙を書かせていただきました。

実は私は、うかつにも整備場に行くのにもかかわらずサンダルで行ってしまいました。案の定、見学中、床のつなぎ目にひっかかりサンダルのかかとが取れてしまいました。なんとか見学中はかかとがない状態で歩くことができたのですが、自宅までこのような状態で帰るには、見かけも悪いし歩けるのか不安でした。冗談で息子が整備さんに直してもらえばと何気なく言いました。私自身接着剤で応急処置ができるような気がしましたので、大変ずうずうしいとは思ったのですが、「接着剤を貸していただけませんか」と案内してくださっていたSさんに声をかけてみました。

すると、Sさんは快く受けてくださり、なんと女性の整備さんを連れてきてくださり、工具箱持参でかかとの修理をしてくださったのです。私はもうこのご好意だけで嬉しくて頭が下がる思いでした。Sさんが接着剤をつけてくださって感謝しておりましたら、さらに接着剤だけではちょっと心配ということで、今度はSさんがベテラン整備士のTさんを呼んできてくださいました。さすがTさんの修理は完璧でした。かかとを補強するための添え木をつけてくださり、雨の降る中、駅から一五分も歩いて帰った私の体重をびくともしないで支えてくれました。

無事、自宅に着くことができたのは、皆さんのご親切のお陰だと思っております。

整備場に行ってサンダルを壊してしまったという不快な気持ちを皆さんのご親切に触れてとても素敵な思い出に変えてくださり本当にありがとうございました〉

絵本「ひまわりの歌」とテレビCF

「ANAエピソード集」と同じような発想から作成したのが、絵本『ひまわりの歌』である。ANAグループをオーケストラに見立てて、「あんしん、あったか、あかるく元気！」な物語を作ったのである。この絵本は、キャラバンやCS推進セミナーに参加した社員限定に配布している。こうした活動を次々にこなしていくうちに、二〇〇五年はあっという間に過ぎていった。

そして、二〇〇六年一月一四日からは、「ANAらしさ＝あんしん、あったか、あかるく元気！」を一般の消費者に訴求するために、卓球の福原愛選手や女子アマチュアレスリングの浜口京子選手、アーチェリーの山本博選手が出演するテレビCFや、駅貼り広告、営業店でのポスター展開などを実施した。

このCFは大変好評で、カスタマーデスクにも好意的な声が多く届けられたが、何といっても、このCFを目にしたANAグループ社員に対する効果が絶大だった。CFで一般の顧客に「あんしん、あったか、あかるく元気！」をアピールした時に初めて、「ひまわりプロジェクトは、やっぱり本気だったんだ」と確信に変わったという。ＣＦ展開のタイミングも結果的には的を射ていたという評価を得ている。

こうした多面的な働きかけを積み重ねることよって「ひまわりプロジェクト」の意義がグループの社員全体に定着し、ひいてはＡＮＡグループ全体に理念とビジョンが浸透することを期待した目論見は、ひとまず成功したのである。

第4章

ANAのCSを支える現場力I

コールセンター
客室部門
空港部門

顧客からの多種多様な相談に電話で応対しながら、最適な旅程を提案し予約を受けるコールセンター・スタッフ。

ＡＮＡのサービスの象徴ともいえる、親しみやすい機内サービスを形にするのは、優しい笑顔を絶やさず、おもてなしの心で接する客室乗務員。

顧客が空港へ到着してから機内へと案内するまで、たとえ悪天候やさまざまなイレギュラーに直面しても、常に冷静ですばやく、親切かつ丁寧に応対する空港のグランドスタッフ。

この章では、顧客と直接接するサービス・フロントラインの取り組みについて、実際にあったエピソードを交えながら、どのようにしてＡＮＡのＣＳ活動が生まれているのか、現場力の源泉に迫る。

1　コールセンター

電話で伝える笑顔

飛行機の旅は利用者が「旅をしたい」と思いついた時から始まる。それがビジネスなどで急を要する場合でも、あるいは積み立てたお金で何年ぶりかの家族旅行をする場合でも、最初のアクションは予約ということになる。この予約という旅の始まりの大切なステップを、電話でお手伝いしているのがコールセンター部門のスタッフである。

ひとくちにコールセンターといっても、さまざまな窓口がある。最も一般的なのは、顧客が直接予約する際に利用する国内線や国際線の予約センター、またマイレージに関する問い合わせ窓口であるＡＮＡマイレージクラブ（ＡＭＣ）センターである。ＡＭＣの会員には、ダイヤモンドデスクやプラチナデスクといったそれぞれの専用ダイヤルも設けられている。

その他、インターネットのヘルプデスク、法人顧客向けの専用窓口であるＡＮＡ＠・Ｄｅｓｋ（アット・デスク）、旅行代理店向けのサポート窓口、そしてツアー商品であるスカイホリデーやハローツアーのコールセンターなどがある。

各窓口によってそれぞれ役割が異なるものの、電話の向こう側にいる、表情の見えない顧客とのコミュニケーションを通じて、どんな複雑な要望にも対応するという点では共通している。ここでは「電話で笑顔を伝えられるようになったら一人前だ」といわれている。

心理学では、コミュニケーションの九割前後がノンバーバル（非言語）による情報伝達であるといわれ、表情、服装、立ち居振る舞いなど、特に視覚から得られる情報が例に挙げられることが多いようだ。しかし、コールセンターのプロフェッショナルは見えない相手に、電話を通じて笑顔を伝えてしまうという。

それは、声にも表情があり、言葉以外のコミュニケーションが豊富に含まれているからである。声の高さ、話すスピード、声の微妙な揺れや強弱、背景の雑音、電話の切り方、沈黙など、内容よりも、周辺言語にこそ意味があるといわれる。時には、電話を受けた相手の第一声で、話の内容やその後の展開が読めることもあるようだ。実際にＡＮＡに寄せられた声の中に、コールセンターのスタッフに対する感謝の気持ちを伝える次のような事例があった。

〈年末に里帰りをするのに予約センターに電話をし、運賃や空席を調べてもらっていたのですが、その途中でそばにいた子どもが泣き始めてしまいました。子どもの泣き声で、こちらの声も係の方の声も、お互いに聞こえにくく、声を張り上げながら会話をしていたのですが、いっこうに子どもが泣きやみません。なんとか予約はしてもらったのですが、今度は予約番号などをメモすることができず困っていると、係の方が
「赤ちゃんがママを取られてしまったと思っているのかもしれませんね。よろしければ、こちらからおかけ直ししましょうか」
と言ってくださったのです。朝から予約の電話が混んでいて、何度かかけてやっとつながった電話だったのですが、諦めてかけ直そうかと思った時に、係の方のほうから、こちらの気持ちを察したかのように言っていただき、感激しました〉

この時に対応したスタッフは、赤ちゃんの泣き声、相手の声のトーン、話し方などから、電話の向こう側の様子や、周囲に手を貸してくれる人のいない状況などを察知し、こちらから電話をかけ直す判断をしたそうである。

この場合、「こちらから電話をかけ直しましょうか」の一言が顧客を感激させた最大のポイントである。年末近くのこの時期、コールセンターは大変混雑していて、待ち時間が長くなりがちだったことに加え、顧客側からかけ直してもらうと、どのオペレーターに電話がつながるかわからないため、情報の引継ぎや転送などで顧客に手間を取らせてしま

う判断したからである。

言葉だけでなく、その周辺の情報から、顧客にとって最適な解を導き出す。そして、ノンバーバルなコミュニケーションを駆使して、予約してもらうだけでなく、ＡＮＡの空の旅の始まりを「あんしん、あったか、あかるく元気！」なものとすること。これがＡＮＡのコールセンターにおける「電話で笑顔を伝える」ことなのだという。

進化するコールセンター

ＩＴ技術の進化に合わせ、航空券の予約・販売に係わる環境は激変し、約三〇年前から、航空業界はＣＲＳ（コンピューター・リザベーション・システム）戦争に突入している。優れたシステムを構築した航空会社が代理店を中心にネットワークを拡大し、他社に優先して自社の便を販売しようと急速に整備が進んでいる。

さらにこの一〇年は、インターネットの急速な普及により、航空券を直接予約するだけでなくクレジット決済を利用しての購入もできるようになった。ＡＮＡでは、国内線のインターネット予約席数が予約センター予約席数を上回り、予約販売額でもインターネット予約が全体の半分以上を占めているという。

電話や代理店で予約する時代から、インターネットの時代へと確実にシフトし、コールセンターへの着信数は減少傾向にある。しかし、コールセンターの業務が軽減されたかといえば、必ずしもそうではない。単純な予約はインターネットでできるが、複雑な航空運賃や各種キャンペーンへの問い合わせ、ダイヤモンドデスクなどＡＮＡマイレージクラブの各種サービス、複雑な予約の取り直しなどはインターネットではなく、コールセンターに電話で相談されるケースが多いためだ。

必然的にコールセンターのスタッフは、より高度な対応能力が求められる。高度なコミュニケーションスキル、高いホスピタリティ、各種サービスに係わる知識などを身につけたスタッフの安定的な確保と育成が鍵を握っている。

また、複雑化するコールセンター業務をアシストするための環境整備も重要となる。電話とコンピュータの連動による業務端末の改良や、適切に管理された顧客情報の活用、マニュアルやＦＡＱの整備、スーパーバイザーやオペレーターの権限整理など、仕組みがあるだけでなく、絶えざる改善が求められている。

かつて、コールセンターは単なる電話予約の窓口として、組織的にはあまり重視されていなかった時代がある。しかし今では、特にダイヤモンド会員などの利用頻度の多い顧客に対しては、専用ダイヤルを設けるなどして、タイムリーに社内調整するための秘書のような役割をする場合もある。

こうして得られる顧客の声を各種サービスの改良や開発に生かすため、コールセンターはCS推進室との連携を強め、商品開発や他のサービス部門への情報発信部署としても機能し始めている。

2　客室部門

飛行機の利用者に対するサービスの最前線に立っているのは、客室乗務員である。機内で乗客を迎え、飲み物や機内食のサービス、安全運航を維持するために欠かせない機内保安業務、そのほかさまざまなニーズに応える客室乗務員は、顧客の目に触れる機会が最も多く、ＡＮＡのサービスの象徴といってよいだろう。

付加価値の高いサービスを志向

ＡＮＡグループの客室乗務員は、一定期間客室乗務職につく総合職事務職の男性客室乗務員や、海外ベースの外国人客室乗務員を含めて全部で約六〇〇〇名がいる。その多くは、９・１１米同時多発テロからイラク戦争、ＳＡＲＳ騒動に至る時期、乗客の数より客室乗務員の数のほうが多いという時代を経験している。それだけに、コスト構造改革にも理解を示し、その一方で「アジアでNO・1」を目指すANAのフロントラインとして、サービスの品質向上に真剣に取り組む意識は旺盛である。

そんな客室乗務員に今求められているのは「付加価値の高いサービス」であると、客室部門の本部長（取締役執行役員）である山内純子は言う。

〈私ども客室部門は、お客様と一番長く接するフロントラインとしてその役割は非常に大きく、お客様は客室乗務員をANAの代表という目線でご覧になります。営業活動で苦労して勝ち得たお客様にその後も継続してご利用いただけるかどうかは、機内での対応次第ともいえます。現在のような厳しい競争下では、私たちは定まったものを提供する、あるいは他社と同じサービスを提供するといったレベルでは生き残っていけません。

そこに他にはない付加価値をつけ、継続的に創造・提供し、お客様に認めていただく。そのためにこそ客室乗務員が飛行機に乗っているということを自覚する必要がありま す〉（鉄道旅客会社での講演から）

では、付加価値の高いサービスとは何か。山内は、形のあるサービス、例えば機内を豪華な内装にしたり、贅沢な機内食を用意したり、大型のゆったりとしたシートを設置したりするといったサービスは、遅かれ早かれ各社とも似通ってくるのを避けられない。もし、他社と差別化できるとすれば、それは最終的には人に関わるものであり、そこで付加価値を生むしかないのだという。

〈私たちの願いは、ＡＮＡに乗ってよかったと思っていただき、ＡＮＡを好きになっていただくこと、そしてできればもう一度お目にかかれることです。これを実現するには、どんな短いフライトでもお客様の搭乗前の期待を超えるサービスを目指し、それを感じ取っていただくことです。ＡＮＡではこれを「感動品質」と呼んでいます〉

「感動品質」を上げる六つのＳ

では、「感動品質」を創りあげるために必要なものは何か。客室乗務員には、「スマイル（Smile）」、「スマート（Smart）」、「スピーディ（Speedy）」、「シンシアリティ（Sincerity）」、「スタディ（Study）」、「スペシャリティ（Speciality）」という「六つのＳ」が求められる、と山内は指摘する。

しかし、客室乗務員は、どんな緊急事態に遭ってもスマイルを保つことができるものだろうか。この一見不可能に見えることを可能にしているのが、新人からの徹底した教育訓練である。新人教育の中でも、まず徹底して身につけてもらうのが、緊急事態の場合に、乗客の安全を最優先しながらどう行動するのかという緊急訓練である。

これについて、客室本部人材開発部で新入客室乗務員のインストラクターや教育プログラムの企画をしている宮田智子は、次のように説明する。

「例えば、大声を出すと、普通の人は神経が高揚してパニック状態になり、興奮状態に陥ってしまいます。私たちは新人の教育訓練で、あえてその興奮状態をつくり出し、大声を出したりしながらも冷静に任務が遂行できるだけの行動力をしっかり染み込ませるようにしております」（宮田）

新人のころは緊張して何もできなくなってしまう人でも、訓練を重ねていくと、自信がついてくる。緊急時に顧客を脱出誘導することになったときでも、すぐに行動できるようになるまで、何回も何回も訓練を繰り返すのである。

「もてなしあう」接遇哲学

新人訓練の中で、緊急訓練と並行して実施される訓練に「接遇」の訓練がある。ＡＮＡ

では、あえて「接客」という言葉を使っていない。「接客」は、「お客様をもてなす」ということだが、「接遇」の「接」と「遇」には、どちらも「もてなす」という意味があり、このことから接遇とは「もてなしあう」ことだというのがＡＮＡの考えである。

すなわち、「お客様のことを思って、何かをお伝えする、もてなした時に必ず何かお客様から返ってくる」、そういう双方向の関係であるというのである。ＡＮＡのブランドビジョン「お客様と共に最高の歓びを創る」の「お客様と共に」には、このような意味も含まれている。このことはもっと注目されてよいことかもしれない。

もう一つ、接遇について初期段階で教えられているのは、「接遇をする相手はお客様だけではない」ということだ。「仲間に対して、また、日々出会うすべての方に対して、おもてなしの心を持って生きていくように」ということを伝えている。

ＡＮＡ客室乗務員の接遇カリキュラムは、「おもてなし」のマインドを育てる訓練と、それを形にするための訓練から構成されている。客室部門には、客室乗務員たちの長年のノウハウをもとにつくられている「おもてなしの心」を具現化するための「行動指針」が用意されている。接遇の場面ごとに具体的な行動・会話例が記載されたもので、約六〇〇〇名の客室乗務員の誰が乗務についたとしても、「ＡＮＡらしさ」を感じてもらえる接遇の基本が盛り込まれている冊子である。

接遇訓練は単にうわべだけを覚えさせるものではないので、細かい点まで丸暗記することは求めてはいない。それよりも、その場面で顧客がどのように感じているのか、なぜ、そのような行動をとるのかを徹底的に考えさせる訓練をしている。そのようにして感性を磨き、顧客一人ひとりの機微に触れるサービスの楽しみを知ってもらうのである。

顧客に飲み物を出す時に、顧客の右側にきれいに出せれば、それはテクニックとしては完成するが、その際、「熱いので気をつけてください」、「入れたてのコーヒーでございます」というふうに一言付け加えられるかどうか。マニュアルに書かれていないことを質問された時に、とっさの判断で機転の利いた受け答えができるかどうか。そういうことができる能力や資質を伸ばすような、心の内側に働きかけるような教育が大切だと、インストラクターの宮田は言う。

ＡＮＡが選ばれる理由

ＡＮＡを利用している人から、他社ではなくＡＮＡを選ぶ理由として「普通だからだよ」、あるいは「身近だから、親しみやすいから」と言われることがあるという。ＡＮＡにはサービスを通して顧客と気心を通い合わせることを尊ぶ文化があるようだ。

その一例として、客室乗務員は、機内で顧客と話しをすることを大切にしている。話しの題材は特別なことではなく，その時に顧客が感じているであろうことを客室乗務員の側から語りかけてみるのだ。

夜、ライトアップされた東京・お台場のレインボーブリッジをずっと見ている人がいるとしたら「本当にきれいな夜景ですね」。また、沖縄の海であれば「今頃の沖縄の海は本当に気持ちがよいですね」と語りかければ、気持ちを共有することができる。その後の会話は、顧客対客室乗務員ではなくて、知り合い同士の日常会話のような形で進んでいく。ANAを選ぶ人が「普通だからだよ」と言うのは、その辺に理由があるのかもしれない。

おもてなしの伝統

客室乗務員が、顧客の気持ちを察することができるようになるためには、経験を通して顧客から教えてもらうということが多々ある。例えば、夜一〇時過ぎに到着する飛行機が遅れて運航している時、機内の乗客の中には、到着後の交通の便を心配する人が増える。夜遅い時間帯では、飛行機の到着時刻がたとえ五分でも遅れると、行き先によっては最終のバスに乗り遅れてしまうことがあるからだ。

そうした乗客の心配に気がつかずに接していると、何気ない言葉やしぐさから、「何もわかっていない」と思われてしまうかもしれない怖さがある。少しでも遅れてしまった時には、いかに乗客のことを思いやることができるかが大切になる。特に客室乗務員は乗客から一挙手一投足を見られている。ちょっとした言葉や立ち居振る舞いから思わぬ印象を与えることがあるのである。

前述の宮田には、客室乗務員として、ある金曜夜の東京発広島行きの最終便で、点検・修理のために出発が三〇分ほど遅れた時の経験がある。出発前、普通なら客室乗務員は機内で待機しているのが決まりだが、この日はチーフパーサーからロビーの様子を見て来るように指示を受けた。

「内心、怖いなぁと思いながらも、ロビーに行くと、案の定、その頃の古いターミナルだったので十分な数の椅子がなく、多くのお客様が立ったまま待っていらっしゃったんです。非常に緊迫した雰囲気を感じました。お客様には本当に申し訳ない気持ちでいっぱいでした。地上の係員の方が一生懸命対応しており、万全の体制ではあったのですが、何か今私にできることはないかと考えました」(宮田)

この時、宮田は、自分の判断で改札を出て、一人ひとりに「今日は故障してしまいまして申し訳ございません」「申し訳ございません、広島からどうやってお帰りになるんでしょうか?」と声をかけて、時間の許すまで、できるだけ多くの人と話して歩いた。そして離陸準備が整ってから乗客と一緒に機内に戻った。

それからしばらくして飛び立った機内を歩いている時、見覚えのある乗客と目が合った。「この便にお乗りだったんですね」と声をかけると、「今日僕はロビーでずっとあなたの姿を見ていましたよ」と言葉が返ってきた。

その人は以前に宮田が乗務するフライトに乗ったことがあり、その時のことを覚えていてくれたのである。「あぁ!あの時の! 何年振りでしょうか」と話が弾み、「ロビーであなたの姿をずっと見ていて、あなたの仕事に対する姿勢が変わっていなかったのが嬉しかったです」という言葉をかけてくれたという。

ANAの社風の一つに、先輩と後輩、同僚間のコミュニケーションの良さがある。フライト中に新人が何か失敗をしたり、新人が飲み物を出すのが遅れたりした場合、先輩が素早くカバーする。

ただし、顧客への接遇の質に関しては新人に対しても要求レベルは落とさない。「スピードのところは私たちがフォローするから、スピードを気にしてお客様と目が合わなくなったり、お客様への声かけが少なくなったりするのはやめてね」と多くの先輩は言う。顧客への思いやり、そして仲間同士の思いやりは、ANAの伝統となって代々引き継がれているのである。

ちなみに、客室乗務員はフライト後には必ずブリーフィングと呼ばれる振り返りの場を設けて、顧客からの意見や喜ばれた話などをクルー全員で共有できるようにしている。サービスの改善提案などは、社内のイントラネットを活用してレポートをアップすることでノウハウとして蓄積し、さらなるサービスの向上に役立てるのである。

一から創りあげた国際線

ANAは国際線においては後発のエアラインである。国際線の初期のころは、ANAでは一からサービスを創り上げなくてはならなかった。しかも、今まで他社を利用していた人が、初めてANAの国際線に乗ることが多いので、必ず比較された。そのころのANAの国際線に対する評価は、暖かい目で見守る、といったことだったかもしれない。乗客からは、「一生懸命がんばっているね」「いきいきしているね」といった言葉をかけてもらうことが度々あったという。

国際線は、飛行時間が長く、機内食のサービスがあり、外国人の乗客もいる。国内線とは違ったサービスが求められる。「一生懸命がんばっているね」という言葉は、慣れない中でサービスがスムーズにいかないところを、「時間をかけてでも懸命にカバーしている」

という励まし含みの評価だったのであろう。

初期の国際線のサービスを知る成田客室部（当時の所属）の客室乗務員の茶野佐知子は、次のように語っている。

「今と比べてすべての面で整備されていない状況だったので、とにかくみんなで知恵を出し合って、目の前にいるお客様が次もうちに乗ってくれるにはどうしたらいいかを考えるのに一生懸命でした。マニュアルにはないおもてなしの心や意気込み、脈々と培われてきた先輩の経験を後輩に伝ようとする真剣さがありました。今振り返れば大変でしたが、現在のＡＮＡの国際線のベースとなる貴重な時代だったと思います」（茶野）

当時、試行錯誤を続けていた国際線においても、客室乗務員の間で継承されていたのは、やはり「お客様と話す」ことだった。話しかける話題は、いろいろある。外国人の顧客に対しては、「ＡＮＡをお選びいただいたのは、なぜですか」「日本の印象はいかがですか」「日本でのお仕事はいかがでしたか」といった言葉をかける。

食事やお酒について説明して勧める時に、それが日本のどの地域の名産物なのか、ということも話題になる。近くを通るたびに、「何かお手伝いすることはございませんか」「フライトは今までいかがでしたか」「サービスはご満足いただけましたか」と積極的に言葉に出すようにしたという。

外国人の顧客に話しかけるというと、相当な語学力が必要と思われるかもしれない。たしかに最低限の語学力は必要である。だが、卓越したレベルが求められるわけではない。「喜んでいただきたい」という思いを素直に表現すれば必ず伝わる、ということが経験的にわかっている。

最近は英語のみならず、中国語や韓国語を学んだり、ソムリエの資格やホテル・レストランのサービス技能の資格を取る乗務員も増えている。こうした資格はサービスする際に役立つほか、顧客との話題づくりにもなる。また、ワインや料理の勉強に必要だとしてフランス語の勉強も始める人もいる。

外国籍乗務員との学び合い

ＡＮＡにはロンドンベースと上海ベースの外国人の客室乗務員も乗務している。中国路線の場合、フライトによっては乗客の過半数が中国人というケースもあり、中国語によるきめ細かいサービスが必要となる。そんな時は、上海ベースの中国人の乗務員が即戦力になる。そうした海外ベースの仲間と一緒に仕事をすることによって、新たな変化を社内にもたらしている。

例えばロンドンベースの客室乗務員は、他社での業務経験がある人も多く、新人の時からプロフェッショナルな意識が強く、自分に任された顧客に対する強い責任感がある。しかも型にはまらない、自然なサービスができ、その長所はとくに外国人の顧客に対して発揮される。気さくで、幅広い話題で会話ができ、顧客との距離感や接し方をつかむ能力が高く、瞬時に身近な存在になることができる。

そのような海外ベースの乗務員も、日本人の乗客に接する時のアプローチには、注意すべき点がある。例えば、保安上の理由から手荷物を置いてはいけない場所に荷物を置いた乗客に対して、いきなり、「ここは規則上置けない場所なので」とストレートに言う傾向がある。もちろん間違いではないのだが、顧客に何かを依頼したり、説明したりするプロセスについて、「申し訳ありませんが」と一言添えてから伝えるという日本的な文化や日本人との接し方、日本人の顧客に協力してもらうための言葉遣いなどは知っておいてもらわなければならない。

意見の相違があった場合、海外ベースの乗務員は、自分がなぜそのような行動をしたのか、その理由を述べ、正しいと思うことは正しいと主張して、日本人のチーフパーサーと地上に降りても延々と議論をすることがある。しかし、この議論は決して無駄ではない。

前述の茶野は、次のように話している。

「海外ベースのクルーと一緒に働くようになって、以前にもましてパワーを入れて言葉を惜しまずフライトするようにしています。日本人同士なら、あうんの呼吸で理解し合えることも多いのですが、彼らに対しては明確に口に出して指示する必要がある。

彼らは言い合うことを喧嘩だとは思っていません。きちんと自分の意見をもっていて自分が正しいと思うことは年次に関係なく主張し、疑問に感じることは納得できるまで話し合います。この点は日本人の乗務員も見習うべき点です。また膝を交えて話をすることで、日本人客室乗務員だけでは出されなかった新しいアイディアや業務に対する改善などが生まれてくることが多いと感じています」(茶野)

実際に海外ベースの乗務員が入ってきて、新しい文化がANAに生まれている。お互いの仕事の良かった点や問題点を言葉に出して指摘するようになったのである。海外ベースの乗務員は、口に出して言わないと伝わらないので、ちょっとしたことでも、「あなたのお客様へのアプローチはここが良かったね」と話しかけるようにした。その結果、日本人同士でも、「このサービスが良かった」と互いに伝え合うのが不自然でなくなってきた。

褒めて人を育てる文化が生まれ、根付いてきたという。

常にチャレンジ精神を持つ

ANAの強さの源泉が、現場の明るさや元気、チーム力にあることは、これまで見てきた通りだ。加えて、「アジアでNO・1」になるためには、個々人の力を伸ばすことも不可欠である。それには、スタッフの一人ひとりが新たな何かにチャレンジする心を常に燃やしていなければならない。

初めて国際線が就航したころと比べると、路線規模が拡大し、サービス品質も向上してきた。しかし、当時を知る客室乗務員たちは、「ともすれば上を目指す心を見失ってはいないか」と警戒心を抱いている。前出の茶野は、そのことを次のように語っている。

「昔は本当に一人ひとりがいろいろ考えてチャレンジし続けないと、お客様にお乗りいただけない状況でした。国際線就航から二〇年経った今こそ危機意識を持って、サービス品質を徹底的に高める必要があると思います。そのために常に自分の能力を伸ばす、新しいことに挑戦していくという熱い気持ちを皆で持ち続けていきたいと思います」（茶野）

サービスには完全とか唯一の正解とかいうものはない。客室乗務員のサービスも、いざ現実のフライトになると、マニュアル通りには対処できないことがたくさん出てくる。最後は顧客と一対一で向き合う客室乗務員の人間性を頼りにするしかない。だが人間性といっても、つかみどころがない感じがあり、「ここまで磨き上げればそこが到達点」というゴールはない。だからこそ個々の社員が自分で自分を少しずつ高めて、仲間とともに感動品質を共有化すること。そして、いろいろなことに挑戦していくことが大切になってくるのである。

3　空港部門

飛行機に乗り降りする場所である空港は、多くの人にとって出会いの場であり、別れの場にもなる。人生のドラマが展開する劇場にもなる。その舞台をつくるのが空港の地上係員だ。

「簡単・便利」とホスピタリティの両方を求められる地上係員

空港の地上係員の業務は、発券、チェックイン、ゲート業務、そしてロビーでの案内業務と、実に幅広い。公共交通機関である航空機のオペレーションにあたっては、まずは安全かつ定時に出発させることが強く求められている。とりわけ朝夕のラッシュの時間帯には、複数の便の出発・到着が輻輳し、地上係員にも迅速なハンドリングスキルや的確な判断力が求められる。

特に全国各地を結ぶ路線を抱える羽田空港では、顧客からの質問や問い合わせも多種多様である。路線ごとに定められた航空運賃の適用条件や手数料等に関わる知識、各地の空港から市内への交通機関や各地の天気の情報、さらに場合によっては昨今流行の駅弁ならぬ「空弁《そらべん》」の売り場の場所案内まで、地上係員はまるでホテルのコンシェルジュさながらである。非常に広範かつ正確な知識、情報が求められる職種といえる。

現在、ＡＮＡでは「簡単・便利」をモットーに、空港に来る前にパソコンや携帯電話で予約、購入、座席指定を済ませておけば空港でのチェックインが不要となる「スキップサービス」を展開し、積極的にＩＴ技術を取り入れながら新たな取り組みを行っている。以前に比べれば、顧客が空港に滞在する時間は短くなりつつある。

しかし、どんなに「簡単・便利」な時代になろうとも、空港は顧客との接点が持てる貴重な場であるとＡＮＡは考えている。確かにビジネス出張等で頻繁に飛行機を利用する人にとっては空港は単なる通過点かもしれない。だが、一年に一、二度の旅行や数年ぶりに友人と再会するために訪れた人にとっては、空港は人生の思い出となる特別な空間になり得る。そうした顧客は空港という場所に、他にはない華やかさやちょっとした非日常性を期待しているのかもしれない。

空港ではわずらわしい手続きをできる限り簡略化し、迅速に行ってもらいたいという顧客ニーズがあるとともに、一方では心のこもった「ANAらしい」もてなしもまた強く期待されている。安全性や定時性を堅持し利便性を向上させながらも、一方ではホスピタリティが強く求められている。

ここで、顧客から実際に寄せられた声を紹介したい。

「本日千歳―仙台の最終便に乗る予定でしたが、急用が入り出発一五分前に急遽《きょ》キャンセルいたしました。その際、すでに預けていた荷物の引き取り等で、七番搭乗口にいた係員の方に大変感動する応対をしていただきました。その方は出発時間が迫っているにもかかわらず、嫌な顔ひとつせず、一〇分くらいの間に三度ほど状況説明をしていただき、かつその時の話し方は大変丁寧であり、やさしく、また素晴らしい笑顔で応対をしていただくとともに、私たちに安心感を与えてくれる対応でした。急遽《きょ》キャンセルをしたのは初めてでしたが、大変心強く感じるとともに感謝の気持ちでいっぱいになりました。その後も持ち帰る荷物が出てくる一階のカウンターまで案内をしていただきました。四六年の人生の中で、客として受けた最高のサービスです。涙が浮かんでくるほどの感動を受けました」

空港現場ではオペレーションに関わる状況は刻一刻と変化していく。めまぐるしく変化する天候、離発着便の運航状況、周辺空域の航空管制、また乗客の空港への足である各公共機関の交通状況等、さまざまな情報にアンテナを張り巡らし、得られた情報と目の前にいる顧客の様子をもとに瞬時に的確な判断を下していく必要がある。公共交通機関の使命である安全性、定時性を堅持しつつ、顧客のニーズに最大限応えようとしている。紹介した事例においても、搭乗手続きを取り消し、いったん貨物室に搭載された手荷物を取り降ろすための諸調整を出発時間が迫る中、短時間のうちに迅速に行う必要がある。そして何より緊迫した状況にも関わらず、不安を募らせる顧客に対して笑顔で接し、顧客の立場に立った的確な状況説明を行うのは決して容易なことではない。空港のオペレーションの現場では日々、こうした高度な対応能力が求められているのである。

このような紹介をすると、空港現場においてハンドリングの最終的な判断を下す責任者は勤続年数の長いベテランの係員ばかりかと想像されるかもしれないが、必ずしもそうではない。

日本一多忙な羽田空港でのハンドリング業務を担っているのは、東京空港支店旅客部という部署だが、所属している係員のほとんどは女性で、しかも入社してわずか数年の若手社員が多数を占めている。同旅客部には、さまざまな資格制度があり、現場の最高責任者は「上級コントローラー」という資格を持っている。別名「インチャージ」とも呼ばれ、約七〇〇名の現場係員を仕切る立場にいる。またチェックインや手荷物受託などカウンター業務全般の責任者に必要な「中級コントローラー」資格や、搭乗ゲートで出発便の管理を実施する「初級コントローラー」資格などもある。

このほかに「カスタマーインチャージ」という資格もあり、ダイヤモンド会員などプレミアム会員に重点的に対応するとともに、空港全体の状況を顧客の視点で見て、コントローラーに適切な指示を出していく仕事を任されている。

こうした責任者の資格の取得は、入社数年の若い社員に対しても門戸が開かれており、所定の試験に合格すればその業務に就くことができる。

判断のよりどころ

コントローラー、特に現場の最高責任者ともいえるインチャージには、権限委譲が行われている。空港現場では、天候や機材故障、他の交通機関の遅延など、予期せぬことも起こる。規定の範囲を超えた、臨機応変な判断が求められることがある。それぞれのケースに対してどのように対応するのが最善なのか、空港の係員は日々、考えながら業務にあたっている。

そうしたイレギュラー時の対応においても、お客様と接する上で係員の考え方のよりどころとなるのは、第3章でふれた「お客様と共に最高の歓びを創る」というANAのブランドビジョンである。公共交通機関の使命である安全を第一に考えながら、「目の前のお客様のために何かできることはないか」、「お客様の満足のために今何をすべきか」、といった現場係員の判断のよりどころとなる考え方を示している。そしてお客様が満足してくださることが、結果として自分自身の仕事に対するやりがいや誇り、また歓びにつながるということを意味している。

ANAではフロントラインに対して権限委譲を進めており、インチャージやコントローラーだけでなく現場の係員に対しても、刻々と変化するさまざまな状況において、どのような判断をすべきかについて、まず自分自身で考えるよう指導している。規定外のことはコントローラーに判断を仰ぐが、顧客と接してその状況を最もよく把握しているのは現場の係員なので、コントローラーが判断する時、現場の係員がどう感じているかを大切にしている。

羽田空港は、第1章で触れた「CS21」という現場主導のプロジェクトが生まれた空港である。「グッドジョブ・カード」による「がんばる→褒める―がんばる」サイクルの構築や「CS―REP」と呼ばれる伝道師を中心とした全国への展開、モチベーション向上のためのセミナーの開催などを二〇〇一年ごろから矢継ぎ早に開始した。そうした数々の取り組みの結果、羽田の空港係員のCSマインドは着実に向上していった。

この向上したCSマインドをサービス品質の向上にいかにつなげていくか。これが次に問われてくる課題である。ANAの空港部門には「エアポート・パフォーマンス」と呼ばれる全国の空港のサービス品質を評価する仕組みがある。定時出発率などの定量的な指標だけでなく、接遇等の定性的な評価も含めて国内の全空港が順位付けされる評価プログラムである。

これを見ると、羽田は規模では全国一だが、「エアポート・パフォーマンス」の評価では必ずしもトップというわけではなく、年によって順位が変動している。自らの弱点を知り絶えず改善活動を進めていかなければ、順位は確実に下がってしまう。第一期の「CS―REP」としてCS活動の先頭に立ってきた旅客部の熊本百花は次のように話している。

「私たちはサービスの基本となる品質として、安全性、定時性、快適性、利便性、経済性という五つの品質という概念を持っています。この五つの軸をもとにさまざまな業務を遂行し、判断を行っています。ただ、お客様にいいサービスをしよう、こんなことしたらとても喜んでもらえた、ということももちろん大切ですが、CS活動を進めるうちに、こうした基本的な土台は本当に大丈夫なのかなと気づき始めたんです。もう一度、一から基本品質を見つめ直し、その上でプラスアルファの価値をお客様に提供していくためには何をすべきなのか考えていかなければならないと思っています」(熊本)

前述のように、ANAは「アジアでNO・1」を目指しているが、空港部門においても、達成に向けたさまざまな取り組みを進めている。CS向上とともに、ベースとなる基本品質を徹底的に向上させ、さらに英語、韓国語、中国語などの語学力の向上など、全係員が「アジアでNO・1」を目指して努力しているという。

ANAの飛行機一機を安全に、定時に飛ばすために、またより快適に利用してもらうために、自分自身に何ができるのか徹底的に考え、具体的な行動に移していく。空港という舞台で、〝お客様と共に最高の歓びを創る〟ドラマは今日も全国で展開されている。

第5章

ANAのCSを支える現場力Ⅱ

運航部門
整備部門
グランドハンドリング部門

「ＣＳは接客部門のやること、自分たちには関係ないのではないか」。これは、通常顧客と接することの少ない、非接客部門が陥りがちな悩みかもしれない。

運航に関するあらゆるリソースをマネジメントしながら、安全で最適な運航を実施するパイロット。

常に飛行機を安全な状態に維持し、技術を向上している整備部門。

空港の地上支援業務を行うグランドハンドリング部門。

この章では、ＡＮＡの三つの非接客部門が、どのようにCSへアプローチし、顧客満足向上に向けた具体的な取り組みをしているかを紹介する。

1　運航部門

乗客を安全に目的地まで届けるという重要な責務を果たしているのが、運航乗務員（パイロット）である。パイロットは、長年の研鑽を経て養成される。客室乗務員や空港の職員と比べて直接顧客と接する機会は少ないものの、さまざまな課題に取り組みながら安全をベースにエアラインの基本品質を支える業務を遂行している。

厳しい審査の連続

ＡＮＡグループには、合計で約二三〇〇名の運航乗務員が在籍している。航空大学校卒業生や、四年制大学卒あるいは既卒者を操縦士訓練生として募集し、自社で養成している。初期の飛行訓練は、かなりハードなことで知られている。運航本部乗員室大阪乗務センター業務サポート部部長を務める機長の樋口浩三は、航空大学校の出身だが、在学中は非常に厳しいチェックの連続をくぐり抜けてきた。三五人入学した同期生で、卒業できたのは三〇人を切っていたという。

入社後は、まず地上業務などを経験し、その後、米国のカリフォルニアにあるベーカーズフィールド訓練所で約一年間基礎課程の一部を学ぶ。この訓練所はＡＮＡグループの基礎訓練の施設で、天候や空域など飛行訓練に必要なすべての環境が整っているところである。

もちろん、その後も審査システムがあり、技能審査、身体検査は六カ月に一回、路線審査は一年に一回ある。これは航空法で定められたもので、この法定要求事項に沿って各航空会社には独自の社内審査制度がある。ＡＮＡには法律上の要求事項プラスアルファの相当厳しいレベルの審査システムがある。

エアマンシップ

飛行機は技術革新が進み、新しい機種が開発されるたびに新しい技量が求められている。以前は飛行機のコックピット（操縦室）には機長、副操縦士、航空機関士の三名乗務がほとんどだったが、ＡＮＡにおいても今は機関士が乗る飛行機はなくなり、二名乗務になった。パイロットには常に学習することが求められる。特に最近は自動化が進み、そうした新しい環境にも適応しなければならない。

とはいえ、昔ながらのパイロットの技量も必要不可欠である。日本には海と山に囲まれて、電波による直線進入ができない（自動操縦で着陸できない）立地条件の空港が多い。そ

図表8　ANAエアマンシップ

私たちは人命財産を預かるプロフェッショナルとしての自覚を持ち、礼節・品性を重んじ、ともに助け合い、安心と信頼の運航を担うANAパイロットであることを誇りとする。

●たゆまぬ努力で人格、技量、識見を磨き、常に自然に対して謙虚さを忘れず、最大の使命である安全運航を追求する。

◇乗客の人命財産を預かることを責務とする運航乗務員として、CAP（キャプテン）・COP（副操縦士）それぞれの役割を正確に認識し、妥協することなく実践することで安全運航をなしとげることが使命である。そのために、継続的な技量の研鑽はもとより、優れた人間性と適切に物事を見極める能力を養うことが必要である。

●「先輩」を知識・経験の宝庫として敬い、礼節をもって接し、技量の習得に努め、「後輩」を明日の指導者と期して技量の伝承を行う。

◇先輩がさまざまなケースにおいて、どのように考え、どのように処置してきたかといった豊富な経験や広範な知識を聞き学ぶことが有効である。また、先輩から後輩へＡＮＡのFlightに対する真摯な姿勢、愛情をもって厳しく伝えていくとともに、後輩の意見を尊重していくことも大切である。

●クルー、他職、グループ各社の人たちへの配慮を含め、運航に携わる人たちに誠実に接することで信頼関係を構築し、互いに支え合って高品質な運航をつくり上げる。

◇高品質な運航はさまざまな人々の協働によってつくり上げられている。しかし、クルー間はもとより運航に携わる他職掌、グループ各社の人たちの立場の違いから摩擦を生じることがある。OM*における上位権限者は、他の者に対する感謝・思いやりの心を持ち、言葉遣いにも配慮し、適切なコミュニケーションを取ることも重要である。

●ANAグループの経営方針を理解し、運航品質の向上を図ることでグループの発展に努める。

◇ANAグループの経営ビジョンである「アジアでＮＯ・１」の達成に向け、高品質な運航をお客様に提供するためには、一人ひとりがANAグループの一員としての高いロイヤリティーのもとで、運航品質（安全性、定時性、快適性、利便性、効率性）の維持・向上に努めていくことが求められる。

●社会から信頼、かつ注目されていることを強く自覚し、良識に基づき行動する。

◇運航乗務員という職業は期待、信頼されるとともに注目されている職業であることを自覚し、業務上のみならず日常においても、ANAの運航乗務員としての誇りを持った良識ある言動が求められる。

＊運航規定

うした空港での悪天候には、最終的にはパイロット自身の技術と判断が必要とされる。

そうした操縦技量だけではなく、パイロットにはチームで仕事する中で全体を統率するマネジメント、人格、識見など、幅広い能力・資質も求められるのである。

操縦技量にプラスして求められる人格・識見については、運航乗務員のプロジェクトが二〇〇六年秋にまとめた「ANAエアマンシップ」が道標になっている。これを作成した背景には、団塊の世代の大量退職による技能伝承の断絶問題があった。代々あうんの呼吸で受け継がれてきたANAの「パイロット魂」が、このままでは消えてしまうという運航乗務員たちの焦燥感もあった。侃々諤々の討論の末に成文化された内容は図表8のように簡潔なものである。しかし、表現の奥底に、これをつくったANAパイロットたちの志の高さが読みとれる。

この「ANAエアマンシップ」は、運航乗務員の定義というよりは宣誓文に近く、「ANA運航乗務員宣言」と呼んだほうがふさわしいかもしれない。このエアマンシップに則って、日々安全と信頼の運航を行うことがパイロットにとっての「ANAらしさ」の発揮であり、顧客の信頼獲得につながる道なのである。

機長と副操縦士の「適度な勾配」

運航部門においても、他部門と同じく、ＡＮＡのＤＮＡが受け継がれている。コックピットのなかに息づいているＡＮＡの伝統について前出の樋口はこう述べている。

「ＡＮＡが他の会社と違うのは、風通しの良さだと思います。コックピットのなかの機長と副操縦士の関係を勾配にたとえると、勾配がきつすぎてもいけないし、勾配がなさすぎてもいけないということです。ベテランの機長だからと副操縦士が遠慮してものを申せない雰囲気ではいけないし、かといって友達みたいに機長と副操縦士があまりにもフレンドリーすぎてもいけない。ちょうどいい勾配は、お互いに尊敬しつつ、話しやすい関係ができていることです。

それができているのがうちの会社の強みで、副操縦士がものを言いやすい社風が昔からあると思います。自由闊達で我々も含めて先輩にものを言いやすかったと思います。若い人の意見を大事にしてくれる、若い活力を大事にするというのがうちの社風の大きな特徴ではないかなと思います」（樋口）

フライファースト

ＡＮＡが、すべてに優先させているものは「安全」である。運航部門には「フライファースト」という言葉がある。まずは飛行状態を安定させよ、という意味だ。飛行中は、機材の故障、天候の不良などいろいろな障害が想定されるが、異常が発生した時には、まず安定した機体姿勢と安全な高度と速度を確保する、というのがフライファーストなのである。

フライファーストを確立させた後、天候等をチェックし、その後の飛行を継続するかどうかを機長と副操縦士で協議して、その許可を管制に要求する。飛行状態が落ち着いたら客室乗務員に状況を伝え、操縦の合間に乗客に状況説明を行う。

日常の運航では、安全を最優先としながら、非常に限られた短時間のうちに迅速かつ的確な判断が求められる場面が少なくないという。

第１章で、ＡＮＡのＣＳ推進室のメンバーは、客室乗務員、整備士、空港係員、営業など各部門の多様な職種の人たちによって構成された混成部隊であると紹介したが、ボーイング７６７の機長を務めながらＣＳ企画部に籍をおく橋本章もその一人である。橋本には次のようなフライトの経験がある。

「成田から北京へ向かう夜の便でした。この日はちょうど到着時に雷雨が予想されていたので、燃料計画には少し余裕を持たせました。巡航中に何度も北京の天候をチェックし、悪化していないことを確認していました。しかし、中国の空域に入って間もなく、現地の管制官から『北京首都空港は激しい雷雨のため二時間閉鎖する。貴機のインテンション（意図）を述べよ』との無線が突然入りました。大規模な雷雲が空港周辺に動いてきたのです。

この日は関西空港まで引き返すために必要な燃料に、さらに一時間の余裕分を持たせた燃料を搭載していましたが、二時間の閉鎖には対応が難しい状況でした。天津の上空で旋回し、なんとか北京の悪天の切れ間に着陸のチャンスはないか、関西まで戻る際には受け入れ態勢はどうなのか、この二点を衛星電話で東京の運航管理者、北京の運航支援者と協議しました。北京の担当者から、『進入コースには大きな雷雲があるものの、空港の気象データは着陸可能な数値で、機長の判断次第で空港当局にアプローチへの誘導をリクエストすることもできる』との回答を得ました。

航空機の運航においては、考えている時間が長ければ長いほど燃料を消費し、いずれの選択肢をとる場合でも余裕がなくなります。その場で決めなければなりません。副操縦士とも協議の結果、雷雨の状況が着陸の際に少しでも支障ありと判断した場合には躊躇なくゴー・アラウンド（着陸やりなおし）し、すぐに関西へ向かう許可をもらうことを確認して管制に北京への誘導を要求しました。その結果、進入コースの雷雲は比較的強いものではあったものの対応可能であり、空港には雷雨の止み間にタイミングよく着陸することができました。大きく揺れたのでお客様は不安だったとは思いますが、無事北京にお送りすることができました。地上の担当者とのチームワークのおかげで目的地に到着できたのですが、公共交通機関としての大きな達成感を感じることができたフライトでした」（橋本）

目的地の天候、周辺空港の状況、搭載燃料の残量等、刻一刻変化するさまざまな要素を総合的に勘案し、安全を最優先としながら最適な判断を下していく。もちろん地上の担当者との連携は不可欠である。

一方、悪天候やその他さまざまな制約条件により、出発地への引き返しや目的地の変更を決断せざるを得ないケースもある。橋本には次のような経験もある。

「伊丹から鹿児島への最終便。この日は宮崎上空から鹿児島空港が確認できるほど視界が良好でしたが、南岸の低気圧に起因する強烈な横風が運航を阻害する可能性がありました。東からの強い横風は着陸時の制限値内でしたが、丘を越えて吹きつけてくる際に強い乱気流をもたらすことで知られています。このときも着陸の二分前から急に激しい揺れに遭遇し、着陸にむけて減速できないだけでなく、機体を水平に保つのも難しいほどの気流でした。

滑走路は遥か手前からクリアに視認できていましたが、着陸三〇秒前になっても状況は収まらず、ゴー・アラウンド（着陸やりなおし）を決行しました。伊丹には運用時間の関係で引き返すことはできません。結局、低気圧の移動速度から判断して鹿児島空港の運用時間内に状況が改善されるとは考え難く、また地上交通機関の運行時間内に迅速に対応すべきだと判断した結果、関西空港へ目的地を変更することをすぐに決断しました。

関西に到着後、翌日の便への振り替え手続きをされているお客様の列を見て、目的地にお送りできなかったことを心苦しく思いました。しかし、その後客室乗務員に機内の様子を確認したところ、鹿児島の着陸前の激しい揺れの中では、機内のあちこちからお客様の悲鳴にも似た声が上がっていたと聞きました。視界が良好な中で目的地を変更することは極めて珍しいケースでしたが、安全を確保し、電車やバスが動いている時間内に関西に到着できたのは決して間違いではなかったと確信できたフライトでした」（橋本）

乗客を目的地まで安全、快適に送り届けることは公共交通機関の使命であり、パイロットとしても、その一心で操縦桿を握っているが、この事例のように、それがかなわないこともある。こうした時、いかに乗客の立場に立ち、その時々の状況に応じた最適な判断が下せるか、乗客からは一切見えない部分ではあるが、まさにプロのパイロットの腕の見せどころであるという。

パイロットのCS活動

先の事例のように大きな揺れが予想される場合や目的地を変更せざるを得ない状況等においては、パイロットからのアナウンスはタイミングが重要になる。運航の安全を確保し、飛行機の状態が落ち着いた時に乗客への説明責任を果たすことになる。操縦をしっかり行うのはプロとして当たり前だが、何かあった時にタイムリーかつ、必要なことを簡潔にスマートに話せるようにならなければならないが、それは一朝一夕でできることではない。こうしたイレギュラー運航時のみならず、日常の運航時においてもコックピットから乗客に感謝の気持ちを伝えるため、運航本部ではアナウンス力の向上に向けたさまざまな取り組みを展開している。運航乗務員のアナウンスをサポートするために運航部門が取り組んでいるCS活動の一つが、「アナウンスマニュアル」の作成である。

今までも基本文例を並べただけのマニュアルはあった。それを顧客の意見や客室乗務員の評価をもとに、刻々と状況が変化していくフライトの中でパイロットがタイムリーにアナウンスできるよう素材集という形に改訂したのである。この中には、各地の山の高さ、季節ごとの祭りなどのイベント情報、星にまつわる小話など、乗客の興味を引くような話題が集めてある。

また、パイロットも、空港で顧客と接することがある。そういうちょっとした機会でも大切にしたいという思いから、ＡＮＡのパイロットたちは空港内を移動中にすれ違う子供たちに飛行機のステッカーを配ったりしている。このステッカーは機種ごとにデザインが異なり、パイロットが考案したオリジナルのものである。パイロットはこのステッカーを制服のポケットやフライトバックに入れ、空港でのちょっとした触れ合いの機会に配っている。

このほか、運航部門では、二〇〇五年四月から「ハイクオリティ委員会」というプロジェクトを開始した。各機種のパイロットを中心に、地上で運航を支援するスタッフも交えて運航部門の高品質とは何か、パイロットができるＣＳとは何かを議論している。前述の樋口は、かつてこの委員会の副委員長を務めていた。

「ＡＮＡが目指すＣＳは単にうわべだけのサービスではないと思います。もっと深い個人の経験や知識、技量に根ざした本当の実力がないとできないようなものでなければなりません。パイロットとして正面業務であるフライトの技量を極めてお客様に安心していただく。飛行機がいつもほぼ時間に正確で、ダイヤの乱れが少なく、少々のトラブルが発生しても迅速に対応し、十分なケアが行き届いているという姿です。安全性、定時性、快適性、利便性は航空会社にとっての基本品質です。それを本当に極めるのは、各セクションに相当な実力がないと実現できないことなのです」（樋口）

自分たちの仕事を一生懸命究めることが最も大切なことであり、究めるための日常のたゆまない努力こそが、ＣＳにつながる。「プロがプロたるゆえんは、お客様に感動を与えることだ」、と樋口は言う。人格を磨き、チームを束ねるために人の苦労や業務を理解し、それを最終的にマネジメントすること。それがプロだと考えているのである。

2 整備部門

空の安全を守るもう一人の主役が整備士である。日々のフライトごとの点検や、定期的な機体整備、飛行機を構成する装備品のオーバーホール、それを支える技術スタッフや工程管理、部品管理スタッフが一丸となって、安全で定時かつ快適なフライトを支えている。

ANAの整備部門では、日々改善活動を行っているが、その成果は航空機メーカーにもフィードバックされ、世界のエアラインにも影響を与えているという。ここでは普段は顧客と直接触れ合うことのない整備部門の仕事と、安全、「あんしん」への姿勢について、マスターと呼ばれる整備熟練者の声を交えて紹介する。

ちなみに、マスターとは、ANAの整備部門で運営する専門性認定制度における最高位の称号で、技術力、経験、人格などあらゆる面で最高クラスと認定された整備士に贈られる称号である。

ライン整備の醍醐味

航空機の整備は大きく分けて、①ライン整備（運航整備）と②ドック整備（定時整備）、③ショップ整備（装備品整備）の三つに分かれる。

このうち、ライン整備（運航整備）は、運航の最先端で顧客に最も近いところで行う整備とされている。羽田空港のラインメンテナンスセンターでマスターの称号を持つ整備士の古宇田好明は、ライン整備の仕事の特質について次のように述べている。

「驚くかもしれませんが、ラインの整備士にとっては、いかに早く不具合を直せるかよりも、いかに早く整備方針を決定するかのほうが重要なんです」

国内線では、一機の飛行機は多ければ一日に七便程度フライトする。そのため、到着から出発までの間隔が一時間未満であることも多い。もし、出発の直前に運航乗務員から「コックピット内で〇〇の警告灯が点灯した」などと連絡が入れば、整備士は雷に打たれたように体中に電気が走る。また、あと一五分で乗客を機内に案内しなければならないというタイミングで、不具合が見つかることもある。そんな緊急時にも、整備士には落ち着いて状況を判断し、適切な方針決定を下すことが求められる。

ライン整備では、まず、その不具合が運航に与える影響を考えなくてはならない。乗客がすぐ目の前で、その飛行機に乗ろうとして待っているからだ。発生状況の正確な把握、不具合原因の特定、必要部品、修復時間などを瞬時に判断し、整備方針を決定する。そして、待っている乗客に対して、どのように案内すべきかを旅客部門と相談する。

この整備方針の決定が遅れると、乗客に多大な迷惑を掛けしてしまう。予定時刻までに不具合原因が特定できなければ、いったん手を止めて、その事実を旅客係員に伝え、相談することがライン整備にとってのＣＳ向上につながる。思い切ってその便のキャンセルを決定することが、乗客にとっては助かる場合もあるのである。

一見矛盾しているようにも思えるが、お客様にとって、ANAは目的を達成するための移動手段の一つだという側面もある。整備士としてのこだわりを追求する以前に、お客様に対し、ANA以外の代替の移動手段を素早く手配するほうが、より顧客志向といえる時があるのだ。

チームワークで整備する

飛行間点検は基本的に一人で行われる。しかし、一機に不具合が発生したとき、不具合修復の対応要員のみならず周囲の手の空いた整備士が「手伝うことがあれば手伝うぞ」と集まってくる。複数の視点で見るので仕事が早くでき、大きな機体を行ったり来たりと往復しなくてすむことがある。これは「ANA独特のチームワークのお陰」と、前出の古宇田整備士は胸をはる。

ラインメンテナンスセンターには、全国のライン整備をサポートする部門もある。整備の情報統括をしているTEAM MOC（チーム・メンテナンス・オペレーション・コントロール）というセクションで、二四時間体制で世界中の整備基地からの情報を集めている。

そこには各機種別の専門家や、システム別の専門家がいるので、瞬時に適切な助言を行うことができる。整備士は、ＴＥＡＭ ＭＯＣと無線や電話で連絡を取り合いながら整備作業を行い、最終的には現場で直接飛行機に接している自分自身で判断を下す。世界中の現場の整備士にとって、ＴＥＡＭ ＭＯＣは心強いパートナーなのである。

「整備魂」の伝承

整備部門で先輩から後輩へと継承されていることの一つに、整備は「作業安全、機材品質、生産効率」の順番に整備をするという不文律がある。自分や仲間の安全を第一に考えることが飛行機の安全の基礎になると、古宇田整備士は言う。

「若い人と作業するときには特に安全面を注意します。危険なところは絶対に歩かないこと。ラインの飛行機は生きていますから、赤くなっていなくても、温度が五〇〇度というところが結構あります。知らないで触ると大怪我につながります。また重量物の下は絶対くぐらない。そういうことを注意しています。

体調にも気をつけています。ボーとしている者を見ると、別のメンバーに変えることもあります。私も先輩から『お前が健康でないと、飛行機が健康になれるわけないだろう』とよく言われました」（古宇田）

飛行機には、搭載用航空日誌と呼ばれる金属製のバインダーが必ず一冊搭載され、初飛行から退役するまでの主要整備記録を保管する決まりになっている。その中のフライト・ログと呼ばれる日誌には、各フライトの出発前に整備士と機長が相互に確認のサインをする箇所がある。それは担当整備士としての責任の重さを示すとともに、整備士の誇りを象徴的に示しているものでもある。

そうした「整備士の魂」について、古宇田整備士はこう述べている。

「スクリュー一本でもなおざりにしない安全と安心への想いが整備部門の信条です。いつもその飛行機に、大切な家族や恋人が乗ると思って整備しろと、自分にも後輩にも、伝え続けていきます」

グッバイ・ウエーブ

飛行機が離陸するとき、ラインの整備士は機長に敬礼して、飛行機に向かって手を振る。これは「グッバイ・ウエーブ」と呼ばれ、このときに、客室の窓から乗客も手を振り返すのが見えることがある。その瞬間は、整備士の喜びを感じる瞬間でもある。この「グッバイ・ウエーブ」は今では日本全国の空港で見られるが、実はこれがＡＮＡの一人の整備士が個人的に始めたものであったことは意外に知られていない。それは、次のようなエピソードとして記されている。

〈これはまだボーイング737型機が飛び始めた頃の話です。沖縄空港支店に、飛行機が飛び立つたびに手を振り続ける一人のベテラン整備士がいました。当時のジェット化初期の機材は、飛び立つときに爆音と真っ黒な排出ガスを吹き出すため、ほとんどのライン整備士は飛行機がランプアウトするとすぐに事務所に引き揚げていました。ところが、その整備士だけは、毎日、飛び立つ飛行機に向かって「いってらっしゃい」と手を振っていたのです。

ある年、そこに配属されてきた新人整備士が、疑問に思い、率直に聞いてみました。

「先輩はどうしていつも手を振っているんですか」

後輩からの質問に、その整備士は少しはにかみながら話してくれました。

「ああ、あれか。オレはもともと沖縄出身なんだよ。お客さんが沖縄まで来てくれているだろ。そんなお客さんが真っ黒に日焼けして帰っていく姿を見ると、『よかったですね、来た甲斐がありましたね』って、嬉しくなるんだ。だけど台風や雨の日が続いて、真っ白い肌のお客さんを見ると、申し訳なくて『もう一度、素晴らしい沖縄を見に来てください』って、心の中でお願いするんだ。そんな気持ちを込めて手を振っているんだ」

「そうなんですか！」

と、驚いた様子の新人整備士に向かって、その整備士はなおも言葉を続けました。

「ときどき、機内のお客さんが手を振り返してくれるのが見えると、すごく嬉しい気持ちになるんだ。オレたちが整備した飛行機に乗っているお客さんから手を振ってもらえるなんて、幸せなことじゃないか」

この話に感動した新人整備士は、その日から同じように出発する飛行機に手を振るようになりました。やがてその輪は広がり、いつの間にかＡＮＡの沖縄空港支店整備課はおろか日本全国の空港で当たり前のことになっていきました。また、これを見ていた他の航空会社の整備士たちも手を振るようになったといいます〉

「グッバイ・ウエーブ」は、今では日本のみならず海外ステーションでも実施されているという。それは、整備の規定や手順書などに記載されたものではなく、ＡＮＡの一整備士の顧客を思う気持ちから生まれたものであり、先輩から後輩へと受け継がれたものだったのである。

飛行機の品質を高めるドック整備

次は、機体メンテナンスセンターで行われるドック整備（定時整備）である。同センターは空港に隣接した巨大な整備工場の中にあり、機体の定期点検の中でも主にC整備と呼ばれるメンテナンスを行っている。C整備は、五日間から長ければ約一ヵ月の工期をかけて、外装から部品一つひとつまで徹底的なチェックを行う整備作業である。また、運航便の夜間整備や、地方・海外空港からの要請に応じ、支援チームを派遣して整備を行う部門でもある。

人間の体と同じように、日々運航されている機体も定期的なメンテナンスで全身くまなく点検することで安全が守られている。通称ドックと呼ばれる機体メンテナンスセンターは、そんな航空機の定期検査と補修整備を担当している。この仕事について、機体メンテナンスセンター、マスター整備士の伊藤剛は、次のように言っている。

「汚れた機体を丁寧にクリーニングし、長い時間をかけて汗みどろになりながら、腐食や亀裂がないか、細かく点検して修復していく本当に地味な作業です。このことは、お客様はもちろん、同じ整備でも他の部署からは意外にわからないと思います。

でも基本的な機体構造をきっちり守って、腐食や亀裂が広がらないように処置をしているからこそ、運航している機体の品質が守られているわけです。土台がしっかりしていないと、すぐにダメになりますからね。その積み重ねによって、ANAの安全を守っているんだと誇りに感じています」（伊藤）

定刻に飛び、定刻に到着する。そんな当たり前の大切さ、大変さを身にしみて感じているからこそ、同センターの整備士はドック・イン（整備のために機体が工場に入ること）からドック・アウト（整備を終えて機体が工場から出て行くこと）まで緊張を切らすことができない。

通常の機械製品は、使用を繰り返すと経年劣化などで品質が低下する。ところがANAの航空機は、運航、整備を重ねることによって品質が向上する。例えば、B777など新鋭機を導入した後の遅延発生率やイレギュラー運航発生率は、初就航したころに比べてはるかに改善されている。それはなぜか。パイロットの技量の成熟もあるが、整備を繰り返すことによって次々と設計改善を施しているからにほかならない。

この設計改善は、通常SB（サービス・ブリテン）といわれ、設計改善の多くは、機体メンテナンスセンターなどのドック整備で実施される。そのなかにはANAが世界に先駆けて最初に実行するものも多く、担当する整備士は誇りを持って仕事に当たっている。長い工期を終えて、ふたたびドック・アウトするとき、その機体はそれまで以上の能力を持った最新鋭機として生まれ変わるのである。

難関を突破してようやくスタートライン

伊藤のように機体整備の法的な確認を行う者に義務づけられている国家資格は、「一等航空整備士」のライセンスである。四年以上の実務経験に加え、学科や機種についての筆記および口頭試験と実地試験に合格しなくてはならないという難関だが、日本では機種ごとの限定資格のため、新しい機種が導入されるたびに受験勉強を繰り返して資格取得を目指さなければならない。

「一等航空整備士は機体を触る上での最低限の資格みたいなものであって、資格を取ってからがまた勉強なんです。実際に触って、自分自身の勉強を深めていって、はじめてその機体に対して自信を持って整備ができるんです」（伊藤）

伊藤は現在ANAが運航しているすべての機種のライセンスを保有する、まさにマスターと呼ばれるにふさわしい整備士である。休日は朝から図書館へ行き、学生に混ざって勉強する。時には会社と家を往復する時間も惜しみ、会社に泊り込んで勉強することもある。

そんな苦労を乗り越えて、地道な修復作業を日々続けていけるのは、自分たちが空の安全を守っている、という使命感だという。

基本知識を詰め込むだけでなく、先輩が経験から培った整備の心構えを後輩に伝授することもある。そうした現場をくぐり抜けて培った知識や経験の継承が、ANAの若きエンジニアたちの素養を育てている。

ANA発、世界のスタンダード

不具合で取り下ろされたエンジンや、構成部品ごとに定められた時間限界に到達したことにより取り下ろされたエンジンは、原動機センターでのオーバーホールを受け、新たな予備エンジンとして生まれ変わる。

エンジン整備でマスターの称号を持つ鈴木雅典は、原動機センター一筋に三〇年以上のキャリアを持つANAを代表する整備士である。鈴木は、その経験と技術力で、世界中でこれまでになかった新たな点検方法を開発し、当時不安定だったエンジンの信頼性を高め、安全運航と整備作業性向上に大きく貢献した経験をもっている。飛行機の整備にボアスコープという内視鏡を使うことがあるが、このボアスコープで、マニュアルにもなかったエンジン部分を点検できる方法を開発したのだ。これについて鈴木はこう述懐している。

「以前、伊丹便で飛行中に白煙が上がって引き返したということがあり、すぐに原因解明と再発防止のためにエンジンメーカーがあるカナダへ行ったんです。ボアスコープでの点検は内部構造を熟知していないと難しい面がありますが、私が考案したのは高度な技術を使わずに点検できる方法だったので、その場で試してもらいました」(鈴木)

鈴木が考案した方法は、機体にエンジンを取り付けたまま点検できるため、不要な手間やコストが省けるというメリットもあった。それまでその箇所は、メーカーでも分解しないと点検できないとされ、マニュアルにも点検方法自体が記されていなかった。

そのため、この方法はすぐに航空機メーカーで正式採用され、世界中の航空会社のスタンダードとなっている。鈴木は、その功績を称えられて表彰を受けている。ＡＮＡでも直ちにこの方法を全面的に採用した一斉点検が行われ、鈴木の指導によって二機の不具合を事前に見つけることができた。

All OK の中の What's new?

ＡＮＡの整備本部で人材育成や品質向上に携わってきた和田重恭(安全啓発センター副センター長)は、常に新しいことを発見していくことの重要性を強調してやまない。その和田の言葉を整備部門のまとめとして記しておく。

「航空機の整備技術は、新しいルールや機器を積極的に導入しながらいつも自分自身と戦い、自分を磨いていくというのが、本来の姿ではないでしょうか。『点検異常なし』が続く仕事で初心の緊張を維持してゆくためには、『ＯＫ』の範囲の中に『何か新しいことはないか？』を探し続けることが重要です。よく観察をして『おや？』を見付けたら、自分でマニュアルを調べ、周囲とも話をして、他の機器も見てみることです。『All OKの中のWhat's new?』は、これから起こる不具合の兆候かもしれません。そうして見付けた「新しいこと」を検討しておくと、思いがけず次に発生した問題に役立つ回答を含んでいることがよくあります。『初心を忘れた』という状態を避けるためにも『おや？』を大切にして、『観察・検討・仮説・実証』を楽しむことで初心の緊張を創り出したいと心がけます」（和田）

3　グランドハンドリング部門

飛行機はバック走行できない。そう言うと、「空港から出発時、滑走路に出る前にバックするのを何度も実体験している」と反論する人がいるに違いない。確かに飛行機が旅客搭乗橋（ＰＢＢ―パッセンジャー・ボーディング・ブリッジ）から離れ、滑走路に向かうには一度バックしなければならない。

飛行機自身には自走でバックする機能がないので、タグ車と呼ばれる飛行機の牽引車が、出発前に後方に押し出している。これをプッシュ・バックと呼ぶが、この大型牽引車を運転し飛行機をプッシュ・バックしているのは、グランドハンドリング（グラハン）部門と呼ばれる縁の下の力持ち集団である。

グラハンのスタッフは航空機の牽引、貨物の積み上げ積み下ろし、旅客搭乗橋の操作など、飛行機が地上にいる間に必要となる整備以外のさまざまな作業を一手に引き受ける。航空機が空港に着陸し、駐機場まで誘導しているのも「マーシャリング」と呼ばれる彼らの仕事である。しゃもじのようなプラカードを使って、停止線の位置をパイロットに指示している姿を機内のモニターで見たことのある人もいるだろう。

縁の下の力持ちが空港の顔へ

ＡＮＡでは、普段は顧客に直接触れることの少ない、グランドハンドリングスタッフの間でも、ＣＳマインドが浸透している。ここでは、そんな裏方のＣＳ活動を見ておきたい。

最近、飛行機の搭乗橋で
「ご搭乗ありがとうございます！」
「お気をつけて、いってらっしゃいませ！」
「お帰りなさい！」
などと明るく元気な挨拶で迎えるスタッフが増えている。やけに元気のいい客室乗務員さんだなぁ、と顔を上げると、そこで出迎えてくれているのは作業着を着た、グランドハンドリングの女性スタッフであることに気づく。

彼女たちはＰＯ（ＰＢＢオペレーター）と呼ばれるスタッフで、飛行機の乗り降り時に旅客搭乗橋の操作を行うのが主な仕事である。これまでＰＯの仕事は、圧倒的に男性が中心で、旅客搭乗橋を安全かつ素早く航空機に装着、離脱することが求められていた。

ところが、関西地区にあるＡＮＡグループのグランドハンドリング会社が女性のＰＯを採用したところ、航空機に乗り降りする乗客に向かって、誰からともなく明るく元気な挨拶をし始めるようになったのだ。

この取り組みは徐々に顧客や社員同士でも評判になり、女性ＰＯのみならず、ベテランの男性スタッフや他の空港にも広がっていった。いまでは月に数件、カスタマーデスクにＰＯの気持ちの良い挨拶に対するお褒めの言葉が届くようになった。

ここで実際に顧客から寄せられた声を紹介したい。

「羽田発神戸行き最終便、神戸空港到着時、飛行機出口にいた女性の笑顔と挨拶が素晴らしく、『あなたの笑顔と挨拶は乗客の心に響きましたよ。挨拶されてとても心地よかったです。』とお伝えしたく、メールを送ります。この女性は心の底から『ありがとうございます！』と感謝し、それをお客に伝えるのが嬉しくてたまらない、という様子で、挨拶された側が思わず微笑んでしまう笑顔でした。

離陸前に、整備の方が直立で手を振りお辞儀して見送って下さるのを機内から見るのも好きで、いつも小さく手を振り返しているのですが、目的地に到着して機外に出た瞬間に、温かく人懐っこい笑顔で迎えられる気持ち良さを、今回は体験できました。この女性には気持ちのこもった対応を是非これからも続けていただきたいと思います」

整備士のグッバイ・ウエーブと同じように、一人のANAスタッフの「お客様を想う気持ち」が、POという仕事に新たな価値を生み出し、「普通にやって当たり前」のグランドハンドリングの職場に新たな風を吹き込んだのである。

ベルトコンベアーの先に究極のCS

手荷物を預けると、到着空港ではベルトコンベアーに乗って返却される。このベルトコンベアーに乗った手荷物の取っ手が、すべて顧客の手に取りやすい向きに並んで出てくる空港がある。もちろんコンテナから自動でベルトコンベアーに並べてくれる機械などないので、さまざまな形状をした手荷物を、常にベルトコンベアーの先で拾い上げる顧客のことを考え、一つ一つ最適な向きに並べているスタッフがいるからにほかならない。

手荷物の置き方という単純な作業一つにも、ベルトコンベアーの先にいる「お客様への想い」を込めることができるのである。ＡＮＡでは、こうした手荷物スタッフの心づかいを「究極のＣＳ」と呼んでいる。

ここで到着空港のベルトコンベアーに到るまでの流れを振り返ってみると――まず営業がお客様を集め、予約スタッフが電話で案内し、旅客スタッフが機内へと案内する。空港というステージで皆が力を合わせて飛行機を飛ばし、パイロットが操縦し、客室乗務員がもてなし、また空港に戻ってお客様を見送る。一機の飛行機が飛んでいる間に、別な飛行機を整備し、グランドハンドリングやケータラーが次の出発を準備する。ＡＮＡで働くスタッフが働きやすいように事務スタッフが環境を整え、次なる戦略を練り続ける――このようにＡＮＡの各部門のスタッフは、一機の飛行機に乗客や貨物を乗せて飛ばすために、まるでバトンをつなぐように仕事をしている。

一人ひとりの丁寧な仕事とともに、そのバトンは次々とリレーされ、最後は顧客満足につながる。一人ひとりがプロフェッショナルとして、常に最も丁寧な仕事をする。手荷物の置き方に込められた「想い」はその象徴かもしれない。ANAがベルトコンベアーの手荷物スタッフの丁寧な仕事を「究極のCS」と呼ぶゆえんである。

田麦山の友情

二〇〇四年一一月二三日、新潟県中越地方で起きた「新潟県中越大震災」は、マグニチュード六・八を記録し、死者六七人、負傷者四八〇五人を出す大惨事となった。また、家屋の全半壊はおよそ一万六〇〇〇棟にのぼり、市の体育館などに避難した住民は約一〇万三〇〇〇人を数えた。ANAは、震災発生後、直ちに新潟‐羽田線や新潟‐伊丹線の臨時便を運航し、また物資面での支援、義援金の拠出など、グループをあげて復興を支援した。そのほか、震災でライフラインが断絶してしまった地域の方々に、ANAグループの設備と人的ネットワークを活かし、温かいお湯をサービスしようという有志のボランティアが活動していた。

その中心的役割を担ったのが、実はグランドハンドリングスタッフだった。新潟県川口町にある田麦山小学校の避難所に、仮設ユニットバスを設置し、空港で除雪用に使用する給水車を利用して、温かいお湯を供給した。この除雪車はその容姿とキュキューという独特の音からピッタリの「エレファント・ミュー」と呼ばれ、子供たちにも大人気だった。空港での除雪作業は重要なグランドハンドリング業務の一つである。したがって、このボランティアはグラハンの仲間から提案があったものなのである。一ヵ月に及ぶお湯の供給ボランティアも、グラハン・スタッフなしでは成り立たないものだった。

一一月の新潟の寒さは厳しく、この温かいお湯の提供と、ANAスタッフの励ましは、少なからず田麦山の被災者に勇気を与えたのではないだろうか。田麦山小学校の子供たちとの交流は、震災から一年後も北海道へのチャーターフライトという形で続き、子供たちにもANAにとっても忘れられない思い出となった。

ANAグループは「安心と信頼を基礎に、価値ある時間と空間を創造し、身近な存在であり続け、人々に夢と感動を届ける」ことを理念に掲げている。このお湯の供給活動は、まさにANAグループ経営理念の具現化であり、「心からお客様を思う」気持ちの表れだったといってよい。このグラハンの仲間に賛同し集まったボランティアスタッフは一ヵ月間で延べ二四七三名。給湯量は、一五万二七〇〇リットルに達した。

第6章 顧客の声を活かす仕組み

ANAのサービスは、ヒューマンサービスだけで成り立っているわけでない。ラウンジなどの空港施設や座席、オーディオ・ビデオプログラムなどの機内設備の開発、インターネット予約や空港での手続きを不要とした「スキップ・サービス」の導入など、ハード面でも、常に新しい価値を提案している。ヒューマンサービスやプロダクトを総合的に充実していき、顧客満足を高めることによってANAファンが増え、繰り返して利用する人が増えることが、ブランドを強固なものにし、安定経営につながる。この章では、商品開発、顧客ロイヤルティ向上、そして顧客との長期的な信頼関係の向上のための「お客様の声」を活かす各部門の取り組みを通して、ANAのCSを下支えするスタッフ部門の仕組みづくりを紹介する。

1　顧客の声を徹底的に聞く仕組み

ＣＳの原点は、いうまでもなく顧客の声を徹底して大事にすることにある。ＡＮＡでは毎日約九〇〇便、一二万〜一五万人にのぼる顧客の声を商品やサービスの改善に活かすために、「クローズド・ループ」という仕組みをつくっている。その中で電話やメールで意見を直接受ける窓口がカスタマーデスクである。そこでは、ＣＳ推進室のカスタマーサポート部の部員六〇名以上が応対に当たっている。

信頼関係をつなぐ最後の砦

ここに寄せられる電話やメールの内容は、顧客自身がＡＮＡのサービスを利用して「不満足」と感じた際の意見や要望がほとんどである。カスタマーデスクは「不満足」の理由を丁寧に聞いて、状況を正確に把握し、会社として取るべき改善策を検討する。これがカスタマーデスクの仕事である。

おもしろいことに、苦情の解決がきちんとできた場合は、その顧客は次から熱心なＡＮＡファンになる確率が高くなる。意見を寄せる人の多くは、ＡＮＡのサービスを実際に利用したうえで、何か思うところがあり、わざわざ連絡する時間をとって、今後のANAの対応に期待して意見や要望を伝えているのである。その対応いかんでは、その後の再利用行動が大きく異なってくるというのは、窓口担当者の共通した認識である。

顧客の信頼を最終ラインでつなぎとめる仕事、これをANAでは「フロントライン最後の砦」と考え、カスタマーサポート部のスタッフはプロとしての自信と誇りを持って対応している。

苦情をきっかけに信頼のパートナーへ

顧客からの苦情は、通常は空港や機内などの現場で対応する。そこで解決できない場合は、カスタマーサポート部が、いわば「最後の番人」として対応する。顧客の話に真摯に耳を傾け、最適な解決策を見出して、その顧客をANAのパートナーに変えていく仕事である。

「苦情を通じてパートナーに変える」という事例の一つに、次のような年間二〇〇回近く利用するあるダイヤモンド会員とのやりとりがある。

その顧客は、東京から福岡に赴任中で、福岡空港をよく使う人だった。ANAには、「ANA@DESK」と呼ばれている法人向けサービスがある。インターネットで簡単に予約、チケットレス発券を行うことができ、会社単位で月ごとに一括精算し各種運賃の割引をするもので、法人顧客は、コスト削減と管理業務の効率化を図ることができる。苦情を伝えてきたその顧客の会社も、このサービスを契約していた。

その顧客からは、折々にいろいろな意見をもらっていたが、ある時、非常にこみいった営業的知識が必要な質問を受けた。カスタマーサポート部の担当者は順序立てて詳しく答えたところ、その顧客にも納得してもらうことができた。そして、その顧客から「実に明快な回答でした。今後、疑問に思うことがあったら、君に話を聞きたい」という言葉をもらったのである。

その後、その顧客と担当者とのやりとりは一年ほど続いた。そんな、ある日、やはり担当者宛てに電話があり、「自分は福岡勤務が終わったので、今後は飛行機を利用する回数も少なくなる。ついては、これまでのお礼を一言いいたいので、少しの時間お会いできないか」と言われた。担当者は大変恐縮しつつも、その顧客の搭乗予定に合わせて、羽田空港のラウンジに挨拶に行った。その人は、何度も「お世話になりました」と言ってくれたという。この経験について、担当者はこう述べている。

「最初のご質問をいただいた時、なぜ、ＡＮＡにはそのようなルールやサービスができたのか、理由や背景を丁寧にご説明しました。通常の説明より一歩踏み込んで、途中経過や、今後の方針までお話しして納得いただいたんです。すでに現場での対応でルールについては何度も説明しているので、それをカスタマーサポート部で繰り返しても意味はありません。私から見ても勉強になるご意見でした」(担当者)

この事例は、最後に「お世話になりました」というお礼の挨拶をしてくれるほど苦情対応をきっかけにＡＮＡへの信頼を強めた事例ということができる。

給料明細に顧客からのプレゼント

そうした事例も含めて、ＡＮＡは実際に顧客から褒められた事例や、社員による改善事例などたくさんのエピソードを掘り起こし、社内に「褒める文化」を構築しようとしている。多くのエピソードを紹介し、組織的に褒めることで、より多くのスタッフが次のエピソードをつくり出す担い手となってくれることを期待しているからだ。マニュアルを超えたサービスや行動を実践の場で生み出すには、最も効果的な方法といえる。

「褒める文化」構築の具体的な取り組みの一つに、二〇〇〇年から続けている「サービスアワード」がある。二ヵ月に一度、社内各部署からアワード選考委員が集まって、ＡＮＡ

らしいサービス事例の中から、特に優れた対応を行った個人や組織を選考し、CS推進室担当役員（現在は副社長）が表彰する制度である。サービスアワード受賞者は記念品を授与され、グループ内の機関誌やイントラネットを通じて大々的に紹介される。また年に一度、CS推進室が都内の会場に全受賞者を招待し、サービス事例やその裏側にある「想い」を共有する場を設けている。

もう一つのユニークな取り組みは、給与明細書の活用である。二〇〇四年の秋から、ANAでは給与明細書の表紙に、前月にカスタマーデスクに届いた顧客から褒められた内容の文章を掲載する取り組みを開始した。カスタマーデスクには、不満や苦情だけでなく、月によりばらつきはあるが、毎月約二〇〇件程度の「お褒めの言葉」も届いている。その中から選ばれた一つのエピソードを給与明細書の表紙に掲載している。

日頃、顧客と接している客室乗務員や空港スタッフは、直接「ありがとう」と言われる機会もあるが、整備やパイロット、本社スタッフや役員、部長などマネジメント層にはそういう機会はまずないといってよい。

しかし、顧客からの感謝の言葉はサービス最前線のスタッフだけではなく、サービスを支えるすべてのスタッフに向けられたもの、とANAはとらえている。給与明細書活用の工夫は、顧客からの「お褒めの言葉」を給料とともに社員に届けることで、社員の働きがいや、やる気の向上にもつなげているのである。

「お客様の声に徹底してこだわる」ためのマネジメント

顧客の声に基づき、商品、サービスの改善や、経営あるいは組織運営につなげようとするＡＮＡの「クローズド・ループ」の仕組みについては、すでに何度も触れた。ここで、その仕組みを上手に機能させるためのマネジメント上の工夫や、さまざまなサブシステムについてふれておきたい。

まず、ＣＳに対する経営トップの姿勢である。社長の山元峯生は、就任以来、毎月必ず羽田空港に訪れて主要なレポートに目を通す時間を設けている。

日々顧客の声に直接触れているカスタマーサポート部員と共にレポートに目を通し、顧客ニーズやそこに潜む本質的な課題、あるいは改善に向けた社内の動きに自ら関心を持ち、時には直接指示を出す機会を設けている。

このほか、クローズド・ループの運営上、極めて重要な役割を果たしているのが、ＣＳ推進会議である。この会議は、営業、空港、客室、運航、整備など各本部の執行役員で構成されており、議長をＣＳ担当役員、事務局長をＣＳ推進室長、事務局をＣＳ企画部が務める顧客の声に基づく意思決定機関である。

クローズド・ループ課題の中でも、特に重要なものや関係組織が複雑にまたがる課題、あるいは過去から認識されているのに一向に解決されない構造的な課題などは「カテゴリーA」として扱われ、このCS推進会議を通じて執行役員レベルで即断即決される。各課題の解決策を検討し、会議に上申するのは、担当部署の部長の役割である。部長自らが「お客様の声」への責任を負うことで、課題解決の実行力を補強する。またCS推進会議の最大の特徴は、改善策の実行に必要な費用は、財務部より予め予算の執行判断を任されているという点である。お金が理由で改善のスピードを遅らせてはならないという経営の決意がここにある。

クローズド・ループを支えるITインフラと人材

ANAでは、カスタマーデスクに直接入った顧客の声や、客室や空港、予約など各サービスフロントが受けた顧客の声を、それぞれのスタッフがレポートにまとめ、各部署が瞬時に共有できるようデータベース化している。その操作は、イントラネット上の、ANADAS（アナダス）というナレッジ・マネジメント・システムを通じて行われる。

このANADASにより、顧客への対応能力は飛躍的に向上した。それと同時に、発生した問題をレポートに残し、ナレッジとして蓄積することにより、サービスや商品に関する構造的な課題を抽出することもできるようになった。

このほか、ＣＳ推進室の人員や組織構成も重要な推進力になっている。前述の通りＣＳ推進室にはさまざまな分野のスペシャリストがいる。顧客からは、どの部門に関わる意見が飛び込んでくるかわからないので、その対応のためにも有効だが、一つひとつの課題を、さまざまな経験を持ったスタッフがあらゆる角度から検討することによって、初めて本質的な問題が見えてくるという強みも持っている。

多士済々のＣＳ推進室では、ちょっと声をかければ、あらゆる部署の経験者が集まることができる。航空会社はそれぞれが非常に専門性の高い部署から構成されているので、他の部署からすればまったく理解できないような、その部門独特の思考などがある。これを理解することができれば、課題解決の重要なヒントになることがある。その意味では、ＣＳ推進室には、すぐにでもミニＣＳ推進会議ができる環境が整っているといえる。

クローズド・ループの基盤となる組織文化

ＣＳ推進室では、毎月二回、その期間に発行されたカスタマーレポートすべてに改めて目を通し、それぞれのレポートに潜む組織課題や問題点について議論する会議を開催している。また、客室、空港、予約、営業の各フロントラインで起票されたレポートは、各部門担当者がそれらすべてに目を通し、その中から部門横断的な課題を抽出し議論する場を設けている。これによりCS推進室に集められるレポートは年間でおよそ六万件に上る。この六万件の情報の中に、ANAがもっと良くなるための宝が埋まっているのである。

経営トップから権限委譲を受け、予算を持ち、ITインフラや会議体を整備しても、それを活かすのはあくまでも人であり、組織である。「お客様の声を活かそう」というスタッフ一人ひとりの気持ちや組織文化がなければ、クローズド・ループは成り立たない。

ANAには、各部署で脈々と続いてきた「レポートを上げる」という文化があり、これがクローズド・ループを支えている。客室乗務員も空港係員も、ANADASやクローズド・ループが導入されるずっと以前から、日々の業務が終わった後にブリーフィングをして気づいたことを話し合い、必要に応じてレポートを作成して組織内で共有する文化があった。年間六万件の宝の山を構成する各種のレポートは、このような現場力と仕事文化の中で上げられているものに他ならない。

しかし、どんなにレポートを上げても、それが何らかの形で活用されているという実感がなければ、社員もだんだん書く意欲が薄れていってしまうだろう。したがって、起票されたレポートが組織的にどのように取り扱われているかを、可能な限り丁寧にフィードバックすることが重要である。

その点でも、ANADASというシステムは有効に機能している。起票されたレポートは、関連部署や担当者にメールで送られ、対応を依頼される。該当するレポートに目を通した担当者は、対応欄などにコメントを追記して起票したスタッフに返信するか、データベースに保存することが可能である。

CS推進室としても、機関紙やホームページを通じて、クローズド・ループの進捗状況を、わかりやすく丁寧にフィードバックすることにより、スタッフとの信頼関係を強めようとしている。いくらレポートで伝えてもレスポンスがなければ、社員からいいアイディアや改善策が上がってこなくなるからだ。

ANAではこれをさらにもう一歩踏み込んで、乗客向け機内誌の「翼の王国」や企業ホームページ「ANA SKY WEB」で、顧客からの声に基づいて改善した事例を、毎月わかりやすく紹介している。

CS推進室の覚悟

第1章でも述べたように、ANAがCSの取り組みを始めようとしたとき、縦割り組織の壁をいかに崩すかが課題になっていた。クローズド・ループ運営の本質は、縦割り組織に横串を通そうとすると必然的に生じる「軋轢」との闘いと考えることができる。ずっと以前から認識されているのに、いっこうに解決されないような課題に取り組もうとすると、たいていの場合、複数の部署との間で軋轢が生まれる。「わかっているけど、他に優先すべき課題があって今は手が回らない」という場合が最も多く、それぞれの部署ごとに優先順位が異なるために放置されてきた。その中には、できない理由ばかりが並び、一番大事な顧客の優先順位が無視されているケースもないとはいえなかった。

クローズド・ループの課題解決にあたって、CS推進室では、常に顧客視点に立って、客観的事実に基づき、本音で議論できるよう会議を運営しようとしている。しかし、これは簡単なようで実は大変難しいことで、事務局としての力量が問われるところである。課題の本質を議論するがゆえに生じる、一時的な軋轢《あつれき》を恐れない覚悟が求められるという。

最近のCS推進会議では、部門横断的な課題や構造的な課題に絞り込んで議論できるよう、担当部署間で検討が進んでいる課題は報告に留めている。これにより一度に取り扱うクローズド・ループ課題は、三件から一〇件程度にとどまり、課題提議から二ヵ月で改善策を導くよう運営している。しかし、二〇〇二年に開催された初めてのCS推進会議では、クローズド・ループ課題が全部で一二六件も提議され、役員が一〇時間に及ぶ議論をしたこともあった。

CS推進会議がスタートした当初は、「些細な課題さえ解決できない企業に、構造的な課題など解決できるわけがない」という信念のもと、部門横断的な組織課題に限らず、担当者レベルの課題も役員会議であるCS推進会議で取り扱っていた。当然のことながら、各組織と多くの軋轢《あつれき》を生むことになった。しかし、組織の縦割りを打破し、顧客志向の全体最適プロセスを社内に定着させるためには必要な時期だったのである。

その後の取り組みで各部門におけるクローズド・ループやANADASレポートへの理解や活用が進んだ。各部門からCS推進室に対して、横断的な課題が持ち込まれるようになった。また、CS推進会議を使ってスピーディーに自分たちの課題を解決しようという動きも広がってきた。

クローズド・ループに「正解」はない。社員一人ひとりが顧客の声に基づき、徹底的に議論して導き出した解こそ、その時の「最もANAらしい解」であり選択すべき解であるという。つまり、その解は、時代や環境などによって、常に問い直すべきものとANAは見ているのである。

クローズド・ループの実践例—機内持ち込み手荷物への対応

クローズド・ループを通じてCS推進会議の場で審議した課題は、五年間で約三〇〇件に上る。その中から実際のクローズド・ループの実践例を見ておきたい。

〈クローズド・ループ改善例〉

市中でのピギーバック（取っ手とキャスター付のバック）の普及や、空港手続きの簡素化などを背景に、乗客が航空機内に持ち込む手荷物の量は増大しているが、機内持ち込み手荷物には大きさ、重量、個数、危険品などさまざまな制限が課せられている。

これらの制限は、限られた機内スペースを利用するうえで、乗客に平等に協力が求められている。安全運航や保安上の理由もある。航空機運航には地上交通とは異なる安全上の制限が多く、手荷物の持ち込み制限もその一つだが、乗客もこの制限を遵守する義務を負っている。しかし、このことは見落とされがちだった。

機内持ち込み手荷物に対しては、乗客や客室乗務員から多数のレポートが上がっていた。しかしANAでは、年末年始やお盆などの多客期前に、空港スタッフ向けに周知徹底文書を発行するなどの対応をしていたが、なかなか効果的な対策を打ち出せていなかった。

CS推進室としても、そのような状況は把握していたが、関係部署と個別に調整しても、要因が複雑に絡まっていて埒があかなかった。そこでCS推進会議に課題として提議し、抜本的な対策の検討に入った。

最初に手を付けたのは、持ち込み制限内なのに、機内に収納できない手荷物がある状況を改善することだった。B747型機の国内線機材では、二階席の手荷物収納スペースが一階席に比べると一人当たりで半分以下しか確保できていなかった。特に二階席前方の収納力では厚手のビジネスバックさえ収納できない状況で、一便あたり平均一三個のバックが二階に収納しきれずに、業務用の物入れや一階に収納しているような状況だった。

客室内の改修には多大な費用がかかる。そこで専門部会を設置し、商品企画、客室、整備などの社内専門家が集まって現状把握から対策の立案まで短期間で取りまとめた。二〇〇四年一一月のCS推進会議に一次答申され、二階席の手荷物収納容量を約五〇％増加する改修計画を提案した。

その結果、改修期間短縮や費用削減策、手荷物の路線特性に関する追加調査などの再検討を指示されたが、翌一二月には合計一三機の改修計画が承認され、二〇〇五年六月には改修が完了した。

この時のCS推進会議では、機体改修だけでなく、持ち込み手荷物の制限内容（規格）をよりわかりやすく顧客に周知できるよう、新たに「手荷物スケール」を作成し、国内全空港に一五〇台設置することを承認している。

ここでCS推進会議が果たした役割は、単に費用をかけて機体改修やスケールの設置をしたというだけではなかった。これまでは係員への周知徹底による顧客への声掛けという対策しかとれていなかった現場の閉塞感が、「私たちが声をあげれば、何かを変えられる」

という雰囲気に変わったのである。

もちろん、持ち込み手荷物の削減に関する課題が、これですべて解決されたわけではない。顧客が手荷物を持ち込むのはさまざまな要因が絡んでいるので、その後も幾度となくCS推進会議に掛けられてきた。

安全運航に係わる制限は、どんな理由であっても超えることは認められない。航空会社として毅然とした対応が求められる。制限を超えた荷物は貨物室へ預けてもらう以外ない。とはいっても、ただ頑なに「ルールですから」と突っぱねるだけでは、CSに優れた対応とは言いがたい。顧客が気持ちよく手荷物を預ける気になるような環境を整えることが求められるのである。

あかるく元気な大家族

苦情対応というと、非常に神経を使う仕事とみられがちである。実際にCS推進室のスタッフは、よく「CS推進室の仕事は、日頃からお客様に怒られることも多いし、社内調整も一筋縄ではいかないでしょうから、ストレスが多くて大変なお仕事でしょう?」と聞かれることがあるという。

ところがどうして、ANAのCS推進室のスタッフは実にあかるく元気である。人事異動でＣＳ推進室への内示を受けた時は、先入観からショックを受けたという人もいるそうだが、すぐにここの仕事の意義に共感し、職場の雰囲気に馴染みむという人が多い。ある企業の広報担当者が取材のためにＡＮＡのＣＳ推進室を訪れた際に、「本当にひまわりみたいに明るい職場ですね」と驚いたことがあるという。本当の話である。

実はそのような「あかるさ」を生む努力を、組織的にしているのも事実である。ＣＳ推進室には年に三回の恒例イベントがある。春は大型バスで温泉旅行。七夕には皆が浴衣に着替えてのガーデンパーティー。忘年会では室長、部長の出し物を筆頭に、大かくし芸大会が開催され、皆がお腹を抱えて笑う。二〇代の若手から、熟年の大先輩までいる大家族。ひと昔前のやり方にも見えるが、さまざまな組織から集まった、育ちの違う大家族ならではの「あんしん、あったか、あかるく元気！」推進法かもしれない。

2　プレミアム会員の声を商品やサービスに活かす

ＡＮＡを利用する人には、国内線も国際線も必ずＡＮＡを利用し、しかも利用回数が年間相当な頻度になるという人がいる。そういう人は、ＡＮＡファンであることを自認しているだけに、ＡＮＡのサービスや商品への要求には厳しい。そういう多頻度利用の顧客の声を聞き、答える役割を担っている組織が、営業推進本部顧客マーケティング部である。

ＡＮＡマイレージクラブ（ＡＭＣ）の企画と運営

この顧客マーケティング部は「ＡＮＡマイレージクラブ」（ＡＭＣ）を企画運営している部署である。ＡＭＣの魅力を高めて、より多くの人に会員になってもらい、顧客一人ひとりとダイレクトにコミュニケーションを取りながら、継続的にＡＮＡを利用してもらうための企画立案を行っている。

ＡＭＣとは、航空会社が会員カードを発行し、飛行距離（マイレージ）や搭乗回数が多いほどサービスや特典を増やし、長く顧客に利用してもらうためのプログラム、いわゆる〝フリークエントフライヤープログラム（ＦＦＰ）〟である。

もともとは、アメリカで一九七八年に航空業界の規制が緩和された後に顧客獲得競争の中で生まれたサービスの一つで、アメリカン航空が導入したのが最初だといわれる。その後アメリカ、ヨーロッパ、アジアの各航空会社が相次いで導入し、現在では、ほぼすべての主要航空会社が自社のマイレージプログラムを組織・運営している。

ＡＮＡにおける多頻度顧客対応プログラムの歴史は、一九八四年から国内線で「ＡＮＡカード」会員を対象に、飛行距離に応じてプレゼントを贈るサービスを導入した時から始まった。

それ以後、国際線では一九八六年から米国市場での「GOLD PASS」からスタートし「プログラムA」を経て、一九九七年に、国内線、国際線双方を対象とした統合プログラムを発足させるに至った。それが現在の「ANAマイレージクラブ」（AMC）である。

当時、日本でも航空業界の規制緩和が進み、国内線の運賃が大幅に自由化されて新規航空会社が参入するなどの動きがあり、国際線でもANAは規模拡大を急ピッチで進めていた時期であったことが背景にある。その後、一九九九年にスターアライアンスに加盟し、世界の主要な航空会社とマイレージの相互提携や、ラウンジに代表される各種サービスの相互利用が一気に広がった。

AMCは、航空会社に留まらず提携パートナーを拡大しており、航空会社は二〇社以上、ホテルは六五〇〇軒以上、さらに日常生活に密着したさまざまな提携も広げている。

会員数は二〇〇三年度に一〇〇〇万人を突破し、二〇〇八年度には一七五〇万人を超えている。これらの会員はANAのファンとなり、継続的に安定した収入をもたらしてくれるANAにとっては大切な存在だ。マイレージ会員からの収入は現在全体の約五割を占めており、今もさらに拡大を続けている。

ANAでは、会員の中でも、とくに利用の多い顧客を「プレミアム会員」として、特別な特典を設けている。利用頻度に応じて、現在では最上級の「ダイヤモンドサービス」、次いで「プラチナサービス」、「ブロンズサービス」の三種類がある。

最上級の「ダイヤモンド会員」は、マイルが貯まりやすく、マイレージ有効期間が延長されるなどのほか、快適かつスムーズな利用が可能となるよう各種サービスが用意されている。空席待ち予約は最優先で取ることができ、空港ではラウンジの利用、手荷物の預かり、返却の優先、無料手荷物許容量の優待サービスもある。

専用チェックインカウンターや専用セキュリティーレーンがあり、コンシェルジュサービスも受けられる空港もある。また、日常でのサービスとして、家族や身近な人にプレゼントや花を届けるというサービスもある。

このようなプレミアム会員は、ANAマイレージクラブ会員のなかでもとくに重要な顧客である。これについて、顧客マーケティング部で会員サービスの企画を担当する田中良基は、次のように説明している。

「このようなANAマイレージクラブやプレミアム会員制度は、他の航空会社でも同じような仕組みやルールで行っています。制度・ルールといったインフラのみでは、徹底的な差別化を実現することは難しいのですが、ここにも〝ANAらしさ〟を出していくことで、ほかにはないサービスを提供しようと考えています。

サービス業なので、やはり「人」が何ができるかがお客様の信頼を獲得する重要なファクターです。昨今の流れでいえば、インターネットにもほぼ同等のことを期待するのかもしれませんが、最終的に人のサービスで何ができるかが、お客様の心に響いて、長きにわたって私どもとお付き合いいただける決め手になると信じています。

例えばコールセンターや成田空港ではプレミアム会員の専属のスタッフがいます。通常のご予約から各種手配のお手伝い、さらにお困りの時は、ホテルのコンシェルジュのようにサポートをさせていただきます。こういったいわゆる『おもてなし』をいかにさりげなくタイムリーにご提供できるか。そういうところが最終的にはAMCの独自性につながってくるものだと思っています。

インターネットのサービスについても、可能な限り人による対応と同じレベルでどこまで便利な機能を構築できるか、メールでスピーディーに対応できるかなども差別化の大切な要素だと思っています。しかし技術的なサービス要素はすぐ模倣されますので、いかに他社よりも先んじて展開し続けるかが、AMCの独自性ということになるでしょう」（田中）

人とインターネットで何ができるか。ＡＮＡでは、頻繁に利用する顧客の声を直接聞くために、そうした顧客による座談会を毎年開いている。またイベントやキャンペーンなどの際にアンケートも行っている。

加えて、実際に顧客と接している客室、空港や予約部門から上がってくる声もある。そのような機会から、顧客が求めているのは、物質的なものだけではなくて、「認知してもらうこと」だということがわかってきた。

具体的には「自分の名前を覚えている」、「どのくらい利用しているかを知っている」、「どのような好みをもっているかを知っている」などである。一人一人を個別に認知し、毎回の利用の際、いかに「いつもの」対応をできるか、そこが非常に大切であると田中はいう。

「私らしさ」を感じてもらうオンリー・ワン戦略

ＡＮＡマイレージクラブは、顧客を「個」として認知するサービス体系を構築するために欠かせない仕組みである。ＡＮＡの顧客として認知すること、それはまずＡＭＣ会員になってもらうことから始まる。

そこから個々の顧客単位で、どのような特徴、傾向、また要望があるのかを把握し、それに見合った商品やサービスを提供する。信頼感や納得性のある仕組みをつくり、AMC会員になる楽しさや喜び、価値を創造する。それがANAグループ全体の継続利用につながり、「お得意様」が増えていくことになる。

さらに「個」としての認知を幅広い場面で徹底させることによって、継続的な信頼関係を構築し、感動を生むような「上得意様」としてのダイヤモンド会員やプラチナ会員が増えていくとANAでは考えている。

そのような個の認知は、空港や機内にいる時だけではなくて、予約時をはじめANAグループと接点を持つあらゆる場面において、一貫性のあるサービスとして展開することが大切である。このようなプレミアム会員を中心に「私らしさ」を感じてもらえるサービスをANAでは「オンリー・ワン」戦略と呼んでいる。

上得意顧客の好みや履歴は、高度なセキュリティ環境のもとでデータベース化され、予約センター、空港ラウンジ、客室のスタッフが各場面に応じて必要な情報を活用し、一貫した対応を可能にしている。

これにより、客室乗務員はプレミアム会員であれば、誰がどこに座っているか、すべて把握できる。ダイヤモンドサービス会員専用のコールセンター（ダイヤモンド・デスク）では、座席指定に関する嗜好やよく搭乗する路線、利用運賃など「いつもの」情報を把握している。さらにはベテランのダイヤモンドデスク・スタッフの中には、顧客の声を聞くだけで相手のことを認知できる人もいるという。

例えば、「お客様が前回乗った時に○○とおっしゃっていた」、「このお客様は○○が苦手なのでこういう食事のサービスは次は気をつけたい」という情報を客室乗務員がフライト後にデータベースへ入力し、次の時にサービスを工夫する。国内線は国際線とは、少し事情が異なるが、それでも田中によれば、次のような実例がある。

「国内線は飛ぶ時間が短いのでどうしてもご提供できるサービスは限られてしまいます。例えば東京―大阪の金曜日の夕方の便であれば、二〇〇名以上のプラチナ会員が搭乗されることも珍しくありません。これでは皆様にご挨拶したくても、終わる前に目的地に着いてしまいますから、物理的に無理です。これはお客様もご理解されていると思います。

しかし、そのような中でもできる限りの工夫をしているスタッフもいます。これは個人的にお付き合いのあるダイヤモンド会員のお客様から伺った話なのですが、国内線の飲み物サービスでの事例です。国内線でもお飲み物サービスはほとんどのフライトで実施しています。あるお客様がアップルジュースとほかのジュースを決まった割合で混ぜる自分好みのジュースを頼んでみたそうです。その時、客室乗務員が、指示通り作ってくれて、面倒な注文にも対応してくれたことに感心したそうです。ところが、そのお客様が次回乗った時に、違う客室乗務員から『あれを作りましょうか』と言われたというのです。これにはさすがに感動したとそのお客様が驚かれていました」（田中）

よく利用する顧客へのプレゼントの提供という意味合いで始まったマイレージプログラムは、単なる景品サービスの位置付けから、個々の大切な顧客を認知するための仕組みに変わってきた。

それを可能にしているのは、データベースやネットワークなどのＩＴ技術が普及したこともある。田中は、ＡＮＡの「オンリー・ワン」戦略について、こう付け加えている。

「こうしてお客様が意識して期待していることだけではなく、期待を超える思いがけないサービス、お客様が想定していない嬉しい対応や、予想を超えたおもてなしをお客様のニーズを先読みしてご提供し、最高のパーソナルサービスを実現することをお約束する、これがオンリー・ワン戦略の考え方です」（田中）

電子マネーEdyとの相乗効果

ANAの顧客には、プレミアム会員とは別に、年一回しか利用しないような顧客もいる。そういう人に対するアプローチとして、もう一つの手段がある。

それは、二〇〇三年からAMCと提携を開始した、電子マネー「Edy」である。Edyとは、ソニーの非接触IC技術「フェリカ」を活用した、プリペイド型電子マネーの一つであり、累計発行枚数は、約四〇〇〇万枚（二〇〇八年六月現在）を超えている。ANAは早くからマイルと電子マネーの融合に着目し、Edyで買い物をするとAMCのマイルが貯まり、逆に貯めたマイルを電子マネーに交換できる仕組みをスタートさせた。

Edyを使っているAMC会員は、二〇〇八年に二〇〇万人を超えた。電子マネーはICチップが埋め込んであるカードで、小銭がなくても買い物ができる。つまり貯まったマイルをEdyに交換してコンビニで買い物をした時に、ANAのマイルが貯まる仕組みができたのである。このように飛行機の利用時だけでなく日常生活に密着することが、将来の顧客に対するサービスにつながると考えている。EdyとAMCの提携について、前出の田中は、次のように抱負を語っている。

「ほとんどのお客様は、何らかのかたちでクレジットカードを使っています。それをマイルとリンクさせておくと、直接的、間接的にＡＭＣ会員になってもらうインセンティブになります。Ｅｄｙも同じ発想ですが、きわめて日常性が高いわけです。だいたいの人はコンビニに行ったりして小銭を使います。そこで使う電子マネーとマイルと結び付けておくと、マイレージクラブ自体の価値、魅力が上がって、それを持とうと思う人が増えてくることが期待できます」（田中）

従来のＡＭＣは、年一〇〇回乗る人には大変魅力的で、ＡＮＡの得意客になってもらうために貢献してきた。しかし、年に一回もしくは数年に一回しか乗らないような人が飛行機に乗ろうと考えた時に、いかにＡＮＡを選択してもらうのか。そういう人でも生涯のうちには、二〇回、三〇回と飛行機を利用するかもしれない。

Ｅｄｙは、そういう層の顧客に対して働きかけるきっかけとなるツールである。ＥｄｙをＮ通じてＡＭＣにつながり、ＡＮＡの将来の顧客になるのではないか、という発想から生まれた提案でもある。

3　潜在的な顧客ニーズを先取りして形にする

顧客の声を活かすＡＮＡの仕組みとして、最後に顧客の潜在的なニーズを先取りして商品やサービスに具現化する仕事をしている部門についてふれたい。

空港や機内では、さまざまな機材、設備がある。空港のラウンジのインテリアから飛行機のシートやテレビ、オーディオ、ギャレー（機内の厨房）に至るまで独自性のあるプロダクトの商品開発をしているのが、本社部門のひとつ、社長直轄の商品戦略室である。従来の営業推進本部商品企画部が二〇〇八年四月の組織改変で生まれ変わった新しい組織だ。

この商品戦略室に中長期（五年～一〇年）を見据えたラウンジ・座席・機内サービスを中心とする商品・サービスの研究・企画・開発に関わる権限を集中させるとともに、その責任を負わせているところを見ると、ＡＮＡが、いかにこの分野を重視しているかがわかる。この組織はまたハード面の商品開発だけでなく現場と連携しながら、サービスコンセプトやサービスポリシーについても企画・立案を行っている。

担当者は室長以下全員、空港の係員、客室乗務員、整備などの現場を経験している。各統括本部と連携しながら現場の視点から、細部までこだわった商品づくりに努めている。

商品企画部時代から在籍する寺尾豊にも成田空港の地上係員や国内線・国際線の客室乗務員の経験があるが、商品企画の仕事について、次のように説明している。

「具体的に飛行機の機体の座席の仕様、ピッチを何インチにするのか、座席の幅はどうするのか、リクライニングの角度を何度にするのか、どんな生地にするのか、ギャレーの仕様をどうするかといったことを研究しています。

例えば、ギャレーはお客様の目に直接触れない場所ですが、客室乗務員が仕事をしやすい、お客様にサービスを提供しやすいようにということを念頭に置きながら設計しています。客室乗務員の作業効率を高めることで機内食を提供する際のお客様の待ち時間を短縮させることが可能となるからです。

機内でいえば、ＩＦＥ（インフライト・エンターテインメント）としてシートテレビ、オーディオ、モニター、ラジオ、ヘッドフォンの商品選定や開発なども担当しています。また空港のラウンジでは、お客様のラウンジでの時間のすごし方を考え、どんな座席を入れるか、席数はいくつか、ピッチをどれぐらいにするか、デザインはどうするか、ラウンジでどのようなサービスを提供するかを設計するのです」（寺尾）

初めてづくしの成田の新ラウンジ

二〇〇六年六月にオープンした成田空港第一ターミナルの新ラウンジのコンセプトを当時の商品企画部が中心となり開発した。成田では、ユナイテッド航空のラウンジとANAのラウンジをスターアライアンスに加盟している各社で共有し、その利用のルールや精算の方法をどうするかを決めた。

スターアライアンスのゴールドメンバー（ANAの場合ダイヤモンドサービスとプラチナサービスメンバー、スーパーフライヤーズカード会員）であれば、搭乗する航空会社にかかわらず、世界各地の空港内のスターアライアンス加盟のラウンジはどこでも使えるルールになっている。このラウンジのコンセプトにも、「ANAらしさ」が込められていて、新しい工夫が取り入れられている。

「まず、通常のラウンジよりもゆったりとした広いスペースを確保しています。ピギーバックを引いて歩いても、すれ違う人同士の荷物がぶつからないような一人当たり面積を確保しました。単に席数を増やすのではなくて、居住性を上げることも考えました。

またANAのお客様だけではなくて、他の航空会社のお客様や外国人もご利用になるので、日本にいらっしゃることを少しでも感じていただけるような日本の「和」を意識した工夫を随所に取り入れました。例えば苔《こけ》を置いたり、障子をイメージしたインテリアデザインをしたり、バンコクから乗って朝成田に到着しニューヨーク行きにそのまま乗り継ぐお客様にとっては、単なる乗り継ぎ地でしかありませんが、日本にいることを少しでも感じていただける、そういうイメージにしています」(寺尾)

この成田新ラウンジには、これまでにない試みをいろいろと取り入れている。例えば、そば・うどんの提供。温かい食事はそれまで出したことがなかった。パソコンブースは他人の目を気にすることなく利用できるよう個別ブースにした。その他シャワーブース、リラックスチェア、甕出しの焼酎や日本酒を提供する「SAKE BAR」、女性の化粧室へのドレッサーの設置等々。家族向けに和室を用意し、オムツ交換や子供が泣くのを気にする顧客に利用を勧めている。

もう一つの初めての試みとして、到着ラウンジを新設した。国際線で到着した顧客が利用できるラウンジは、外国航空会社の本国主基地空港では比較的オーソドックスになりつつあるが、日本では初めてである。シャワーブースも設けているので、例えば、バンコクから朝六時ごろに着いて、そのまま都内で仕事という人にもリフレッシュして朝食をとり出発できるラウンジになっている。

到着ラウンジの他、前述した個室ベースのビジネスコーナーや「ＳＡＫＥ　ＢＡＲ」なども、日本の空港のラウンジで日本の航空会社が設置するのは初めてだった。ただ世界に目を向ければ実にさまざまなサービスが展開されている。「アジアでＮＯ・１」を目指すＡＮＡでは、海外の顧客も意識して、常に先進的な独自性のあるサービスを開発することが課題になっている。

「本を読みたい方、パソコンを楽しみたい方、お酒を飲みたい方、シャワーを浴びてリラックスしたい方。ラウンジのニーズは非常に多様化しており、普通のオーソドックスなラウンジだけではお客様のニーズを満たしきれない面がありました。新規のラウンジでは、できるかぎりのことを導入しました。

ただしお客様の真のニーズはどこにあるのかを見極めながらです。例えば男性のトイレにはドレッサーはいらないですが、女性のトイレにはどうかということを女性のスタッフを交えて検討します。百貨店では、どんなトイレかによって女性の集客力は違うと言われていることがわかると、それを全部見に行ってどんなつくりになっているかを調べるといったこともしています」（寺尾）

現場感覚と人へのこだわり

商品を企画するにあたってこだわっていることの一つに、顧客の声や現場感覚へのこだわりがあるという。顧客の声にこだわるという点では、カスタマーサポート部に入った顧客からのメールや電話、客室乗務員からの機内レポート、予約センターや空港スタッフからのレポートも、早ければ当日中に商品戦略室に届く。そうした顧客の声には必ず目を通し、現場に足を運んで実際に何が起きているのか自分の目でしっかり見て、改善すべきところは改善することにしている。また、前述の通り企画担当者は各々現場での業務経験の持ち主で、「現場はこれをどう考えるか」という考察を企画のプロセスに必ず入れている。寺尾は「私たちはあえて、こうしてみたらどうだろう、という方向性やイメージだけを企画し、あとは現場に任せてしまうこともあります」と言い、次のような一つの例をあげる。

「ANAでは、一般のお客様に先立って、お手伝いが必要なお客様をはじめ、ご利用の多いお客様を先に航空機内にご案内する「優先搭乗」を実施しています。以前からカスタマーデスクなどに届くお客様からの直接のご意見や、空港・機内といったフロントラインの社員がお客様から頂く声のうち、『小さなお子様連れのお客様などお手伝いが必要なお客様と、ビジネスマンを中心としたご利用の多いお客様を、同じタイミングで航空機内にご案内しないほうがいいのではないか？』というものが多数ありました。

社内でもお客様の声に何かしらお答えすることができないか？ということになり、早速私は国内線の搭乗口で一体何が起きているのか調べることにしました。だいたい合計で一〇〇便程度の搭乗口は観察したと思います。羽田発幹線、地方路線、地方発幹線、地方路線、大型機、小型機など同じ搭乗口といっても搭乗の風景はさまざまであることがわかりました。

その中でわかってきたのは、『小さなお子様連れ、妊婦の方、ゆっくりとしか歩けないご高齢の方に必要な搭乗モデルと、ご利用の多いお客様が求めていらっしゃる搭乗モデルは違うものである』ということでした。お手伝いが必要なお客様は、より安全に足元の段差への配慮も必要ですし時間もかかります。

一方でご利用の多いお客様は乗り慣れていらっしゃるから、テキパキとされています。早く機内で手荷物を収納し、座席に座り、新聞を読みたいのでしょう。時折、ビジネスマンが肩からから提げたビジネスバッグが、小さなお子様の頭上にぶつかったりする光景も見ることもありました。ビジネスマンの方々が悪いわけではなく、私たちがこのような搭乗方法をいいものとしてきてしまった現実がそこにはありました。

早速社内に持ち帰り、安全かつ、定時運航に影響がない方法で、お客様がよりストレスなくご搭乗いただける方法を検討しました。結果、機内準備が整うまでに、お手伝いが必要なお客様は、先に搭乗券を改札機に通したところで機内準備が整うまでお待ちいただき、最初に航空機へご案内しつつ（『事前改札』）、様子を見ながらご利用の多いお客様を優先的にご案内する（『優先搭乗』）方法が採用されました。

ここで商品企画部の仕事は終わりです。あとは、お客様へのアナウンスや空港内掲示はどうするか、運航乗務員・客室乗務員の機内準備完了とどのように連携するか、時刻表にはどのように記載するか、予約センターではどのようなご案内をするかなどについて、空港・客室・運航・オペレーションといった各フロントラインの部門が、お客様にとっての快適さ、わかりやすさ、安全、定時性を維持しながら細かく作り上げてくれます。

国内線ではチェックインがいらないスキップサービスを導入しましたし、これからもお客様の搭乗モデルは日々変化していくことと思いますが、まずは『実際にフロントラインで何が起こっているのか』を基本に社内みんなで考えることがとても大切だと思います」（寺尾）

現場と顧客の声を重視するというこだわりは、人へのこだわりに通じる。どのようなプロダクトやサービスも、「人」というANA最高の〝商品〟を介して提供されるものである。顧客と直接的な接点のある空港の係員や客室乗務員だけではなくて、整備士、運航乗務員も予約センターのオペレーターも同じである。独自であること、先進的であることも、「人を通して伝えられること」という設計思想なのである。

いかに先進的な最高級シートを機内に導入したとしても、客室乗務員の機内サービスがひどければ乗客はいい気分はしない。いくら設備がよくても台無しになってしまう。この点を考慮し、スタッフがいかに良いサービスを提供できるかにこだわった例として、成田の新ラウンジで試みた顧客からは見えない部分の工夫がある。

「どこの航空会社でも、空港のラウンジのキッチンは狭いのが普通です。これはお客様のスペースを一席でも確保するためなのですが、そのために、汚くなりやすいし、係員がすれちがうのもままならないくらいです。

そこで、成田の新ラウンジではキッチンのスペースをとても広くとりました。おかげでラウンジスタッフも『ずっとここで働きたい』と言って楽しんでいます。そういう気持ちがきっとお客様に伝わっているんだと思います。この人たち楽しんで仕事しているなと。こういうことは大事だなと思います」(寺尾)

ＡＮＡの強みと弱みはどこか、他社と比べてどうかと、寺尾は他社の飛行機に乗って研究することもある。また、航空業界やサービス業界以外の異業種の世界と交流し、新しい商品の研究をしている。今後の抱負を寺尾は、次のように話している。

「何がきっかけで航空会社のサービスに結びつくかわからないと思っています。一五年前に、シートテレビがオンデマンドになると誰が考えていたでしょうか。スチームオーブンを飛行機に乗せられると誰が考えたでしょうか。ということは、誰かがどこかで先のことを考えているのです」（寺尾）。

ＡＮＡでは新たに商品戦略室を設置し、これまで以上に顧客の声に耳を傾けるため、リサーチによるデータベースマーケティングの強化や、より強いブランド構築のための分析や議論がスタートしている。より良い商品・サービスを提供するための取り組みに終わりはないようだ。

第7章 TEAM ANAの未来を創るCS

自由闊達な風通しの良い組織、適切な権限委譲、何かがあった場合の助け合いや連携プレー、これらはみなANAのDNAと言えるものである。本章ではこれをさらに発展させて、ANAグループから「TEAM　ANA」への進化、徹底したCS意識の向上施策など、「マインド&スピリット」を育む組織の土壌について述べるとともに、「アジアNO・1」を目指すための五つのキーワードを軸にANAのCSについて、もう一度振り返ってみる。

風通しの良さという無形財産

ＡＮＡの社風として外部からしばしば言われるのは、「自由で、のびのびとしている」ということだ。いいかえれば「風通しがいい」ということだが、これについては、純民間の活力ある航空会社の発展に生涯の夢をかけた創業者・美土路昌一が残した名言＝「和協」「現在窮乏、将来有望」にその精神的支柱があることは、すでに述べた通りである。創業者直筆による「現在窮乏、将来有望」という言葉は、今も本社大会議室に掲げてあり、創業から六〇年経った後輩社員たちに語りかけている。

二代目社長の岡崎嘉平太が残した「信はたて以と(糸)、愛はよこ糸、織り成せ　人の世を美しく」という言葉もＡＮＡの先輩たちの心をとらえた言葉だった。「信」と「愛」の基盤の上に築かれる信頼関係や協調関係の大切さを、岡崎は機会あるごとに説いた。

ちなみに岡崎は、戦後、日本と中国の国交回復に多大な貢献をしたことでも知られる人物である。一九七二年九月、日中国交回復を告げる共同声明が発表された時は中国政府から招かれて、周恩来総理から「井戸を掘った人を生涯忘れない」と称えられたエピソードは有名だ。中国には「水を飲む時井戸を掘った人のことを思う」という故事があり、周総理の言葉はそれを引用したものだった。

美土路や岡崎など草創期の経営者が残した遺訓は、先輩社員たちの間で社是・社訓のようなものとして受けとめられ、いわば「黙の知」としてＡＮＡの精神的風土に定着した。その精神は今も受け継がれ、「ＡＮＡグループは〝安心〟と〝信頼〟を基礎に　価値ある時間と空間を創造します」というグループ経営理念や、「お客様と共に最高の歓びを創る」というブランドビジョンにも流れる通奏低音となっている。

組織の風通しの良さについては、前出の樋口が、コックピットの中の機長と副操縦士の関係を勾配にたとえて、「勾配がきつすぎて副操縦士がキャプテンに遠慮してものを申せない雰囲気ではいけないし、緩すぎて友達みたいにフレンドリーでもいけない。ちょうどいい勾配は、お互いに尊敬しつつ、話しやすい関係でいることだが、それができているのがＡＮＡの強みである」と語っている。

創業以来の上下の壁を越えて自由に意見がいえるリベラルな社風は、現場から湧き上がる新しいものに挑戦しようとする意欲を大切にする。羽田空港の地上サービスの係員の間からＣＳ向上を目指した「ＨＡＮＥＤＡ　ＣＳ２１」が生まれ、それが水平展開してＣＳ推進室の設置やＡＮＡグループ全体の「ひまわりプロジェクト」に発展したように、現場から議論が起きて改革・改善案が提起され、それを経営トップが真摯に受け止めて、経営に反映させるという流れが定着しているといえるかもしれない。こうした風通しの良さは、これからも大切にすべき無形財産であろう。

権限の委譲

しかし、いくら現場に自由に意見を述べ合う風土があっても、それだけでは新しい価値の創造にはつながらない。イノベーションを呼び起こすには、現場からプロジェクトが立ち上がった時、思い切って現場に権限を委譲し、予算も人材も与えて挑戦させるような組織的な度量が必要である。この点でも、ANAには「いろいろ言うが最後は任せる」という社風がある。

羽田空港の「CS21」の元メンバーの一人、熊本は、CS活動の一環として権限委譲の必要性を訴えていた。その当時を振り返ってこう語っている。

「空港サービスの現場は資格管理が徹底していますから、一係員が勝手に判断することはできません。お客様から規則外のことを言われた時は、必ずコントローラーに判断を仰ぐ決まりになっています。でも、実際にお客様に接しているのは現場の係員です。私たちは現場の係員が、自分はどう考えるのかということを大切する風土に変えていきたいと思い、みんなで話し合って、一定のルールの下での権限委譲を会社に認めてもらったのです。

例えば、お客様がWEBでチケットを購入されてカウンターにチェックインにいらっしゃったとします。でも、日付や時間が間違っていて搭乗できないというケースがあります。この場合、特割などの割引航空券では変更が効きません。お客様が自分でネット上から購入されたので、誤っていたとしても本来ならそれは自己責任です。

でも、そこを、フロントラインスタッフとお客様の対話の中で、お客様に悪意がないことが確認でき、安全運航に影響がなく、次にまたＡＮＡに乗っていただけるきっかけになると判断できるなら、その日はそのままご搭乗いただきましょうと。その程度の判断は一係員でもできるように改善することを、会社は認めてくれたのです」（熊本）

熊本の経験では、「ＣＳ２１」の時も、会社はプロジェクトの立ち上げを公認し、予算もつけるが、運営は自分たちでやりなさいという方式だったという。さらにＣＳ―ＲＥＰの一期生として活動した時も、「ＣＳ２１」の事務局からは、自分で何をやりたいのか常に聞かれ、自分で考えることを求められた。「いろいろと言うけど最後は任せる」というＡＮＡの流儀がここでも貫かれていたという。

チームスピリッツ

ＡＮＡの社風として、もう一つ触れておきたいのは、何か困ったことが起きたような場合、自然にみんなが集まってくるという習慣があることだ。

例えば、運航時の飛行機の整備は普通一人の整備士が責任を持って行うが、もし一機に大きな不具合が発生したような時には、周囲の手の空いた整備士が自発的に「何か手伝うことあれば手伝うぞ」と駆けつけてくれる態勢がＡＮＡにはある。現場ではそれをＡＮＡ独自の一体感と理解されている。

そうしたチームスピリッツが見られるのは、整備部門ばかりではない。国際線客室乗務員の茶野は、こんな体験談を語っている。


「以前、ファーストクラスのお客様が機内で眼鏡を紛失されことがあります。お話では、乗り込まれてほどなくして紛失されたとのことです。私はもちろん一所懸命に探しましたが、見つかりません。ビジネスクラスも探してみましたが、やはり見つかりません。眼鏡は普段使うのでないと困ります。お客様は、乗っていらした時は元気だったのに、すっかり意気消沈されてしまいました。

キャプテンに『到着した時に整備士を呼びましょうか』と相談したところ、『直接お話してもいいかな』と言って、お客様に『客室乗務員が探したけれどありませんでした。本当は自分も探したいのですが、到着したらすぐ整備士を呼んで探してもらいます』と説明してくれたのです。

結局、眼鏡は、目的地の空港に到着して、整備士が椅子をはずしたら、座席の下から出てきました。その時は本当に嬉しかったですね。職種の異なる人たちが、眼鏡を探すために協力し合えたことも、すごく嬉しかったです。お客様には空港内でお待ちいただいていたので、無事に眼鏡をお渡しすることができました」（茶野）

乗客が機内で眼鏡を紛失したのを、客室乗務員、機長、整備士の連係プレーで発見したということの事例は、それぞれが顧客のことを考えて仕事をし、また仲間を支えようとするチームスピリッツがあったからこそ可能だった。もし、この連携プレーがなかったら、発見できたとしても、もう少し時間がかかったかもしれない。

フロンティア・スピリッツを刺激する仕組み

風通しが良い。権限の委譲がある。困ったことが起きると結束して解決に当たる。ANAにはそういう社風があると述べた。でも、それはいわば空気のようなもので、普段はANAグループの社員もあまり意識していないものである。

しかし、その土壌があるからこそ「ＣＳ２１」のように現場からの改革の息吹が尊重され、経営に反映されたといえる。そのように見ていくと、ANAは、この無形資産をもっと活用し、現場から新しい価値を創造するエネルギーを引き出す仕組みをいろいろな形で作っていく必要がある。

その試みの一つとして、ANAでは二〇〇四年四月から「バーチャルハリウッド」という社内提案によるプロジェクトの立ち上げ制度を導入している。このプログラムでは、「お客様の声に徹底的にこだわる」という価値観のもとに会社や仕事、そして自分自身を変えたい、成長させたいという「想い」や「実行力」のある社員が「ディレクター」として名乗りを上げる。

業務レベルでは「夢物語」として一笑に付されるような奇抜なアイディアであっても、本気で実現してみたいと考えた時、その「想い」を社内の専用WEBで訴えて、これに共鳴する仲間を組織横断的に集め、計画を立案し、活動テーマに近い組織を所轄する役員に提案する。そこで認められれば、会社として活動支援の予算を付けたり、事業化を検討することも可能である。

大勢の観衆を興奮させる映画づくりのように、バーチャル（組織に基づかない）コミュニティで顧客に感動を与える新しい価値提供のシナリオを描き、提案した社員自らがディレクターとなって実現していく。従来の業務改善の延長ではなく、既成概念に囚われない将来の新しい価値を見つけて実現する場として期待される。それはまた、自分のやりたいことに挑戦する変革リーダーを育成し、同時に志を同じくする社員同士の組織を越えたネットワークが拡大するという効果も期待できる。

このプログラムはANA総合研究所の所管だが、ANAグループの社員なら誰でも手を挙げて提案できる。ただし、その運営については、

①活動は原則として時間外とし、現在の職務はきちんとやる
②成果だけでなくプロセスも大切にする
③各部署において可能な限り、活動をフォローする

という三つのルールがある。

また、進め方については次の方法と手順をとる約束になっている。

①バーチャルハリウッドのホームページにディレクター名のほか、メンバーの応募、呼びかけや活動内容を記載する
②メンバーは電子メールや電子会議室などのコミュニティサイトを活用して、自由にコミュニケーションを図る
③オーナーとしてトップマネジメント（ANA役員）を指名して、内容についてプレゼンテーションをする

④オーナーが決まると、実現に向けた仮説と検証のステージで、社内外の知恵を集めて問題を解決する

⑤練りに練った企画をオーナーに最終提案し、判断のうえでGOになれば、実行のステージに上がる

この「バーチャルハリウッド」を立ち上げた第一期（二〇〇四年）は、三四テーマで参加メンバーが一四六名。テーマのほとんどが業務改善に関わる内容だったが、社会貢献（四件）や新しい価値創造（五件）に関わる内容もあった。その後、第二期（二〇〇五年）は二〇テーマ、一二五名。第三期（二〇〇六年）は二二テーマ、一四四名がエントリーし、熱い「想い」を持った社員が各々のテーマをクランクアップさせている。

この中には、経営にとって大きなインパクトを持った提案も生まれており、その一つに「ANA安全教育センターの開設」がある。ディレクターは、羽田空港の旅客部に所属する（当時）信田慶子で、このプロジェクトは二〇〇七年一月に本格的な展示・視聴覚施設を備えた体感型の研修施設「安全教育センター」として実を結んだ。多大な投資が必要なテーマだったが、信田たちの最終提案から一年足らずで実現できたのは、バーチャルハリウッドを決して現場任せにすることなく、役員や通常組織がその意義を理解し、一丸となって取り組んでいるからに他ならない。

ここに信田が最初にディレクターとして名乗りを上げた際の提案要旨を紹介する。

「当社にとって、安全が事業運営の基盤である。過去に学び、教訓を伝える事は航空事業を行なうものには非常に重要である。しかし、グループ社員において過去の事故体験者がほぼ退職している中、これらの世代に過去の事故を振り返り、安全の重要性を伝える場の常時設置を提案したい。（中略）過去の事故展示施設や、実際の事故を再現できる施設を設け、自分達がどのように行動すべきかを体験出来るよう提案したい」

この「バーチャルハリウッド」は、実は社長の山元峯生（当時副社長）が富士ゼロックスの先例に注目して導入を図った制度である。山元は、その動機をＡＮＡの社内誌で次のように語っている。

〈社員も私を筆頭に不良ばかりで優等生が少ない。かつては野武士集団と呼ばれていたこともあります。中途採用も行っているんです。勝ち組の会社からＡＮＡにおもしろさを求めて来た人材が定着できるような会社でありたいですね。

最近は正直なところ少し窮屈になってきたように感じるので、自分たちが享受してきた自由闊達さを後進にも残しておかなければ、と考えているんです。新しいこと、面白いことにどんどん挑戦できるように…。ANAという会社を、夢のあることを楽しい仲間と一緒に実現できる場にしたいと考えています〉

富士ゼロックスの元祖「バーチャルハリウッド」は、「すべてはお客様の感動のため」というテーマに基づいた組織横断的な改革・改善活動だった。つまり、CSを起点にした活動だった。

もちろんANA版の「バーチャルハリウッド」も、「お客様の声に徹底してこだわる」というグループ経営理念、そして「お客様と共に最高の歓びを創る」というブランドビジョンの旗の下に行うべきもの、つまりCSが起点になっている活動の一つであることは変わっていない。ただし、いくら楽しげでも、あるいは利益になりそうなテーマでも、それが公序良俗に反したり、顧客に負担を強いるようなものは認められない。その意味で、「バーチャルハリウッド」もまたCSにつながる組織活性化の活動の一つだといえる。

「アジアNO・1」五つのキーワード

二〇〇八年二月一日、ANAグループは二〇〇八～一一年度を見据えた中期経営戦略を発表した。成田国際空港では二〇一〇年三月、羽田空港では二〇一〇年一〇月と、首都圏空港の発着枠拡大時期が明確となったが、一方で航空機燃料費の水準が歴史的高位にある環境の中で策定されたものである。この中で、グループ成長のキーワードとして掲げられたものが次の五つである。

「安全」
「グループ」
「グローバリゼーション」
「イノベーション」
「人財」

ANAグループを飛躍的に成長させるためには、経営の根幹である「安全」を堅持し、「グループ」全体のモチベーションを高めた上で、事業領域を拡張する「グローバリゼーション」と事業構造を転換するための「イノベーション」を組み合わせるとともに、「ANAらしさ」を発揮して、成長戦略を着実に遂行する「人財」の育成が重要となる。

「安全」は経営の基盤

ＡＮＡグループは「アジアＮＯ・１」達成のためにあらゆる取り組みをしているが、その大前提は安全運航が堅持されていることである。

二〇〇七年三月、ＡＮＡグループが運航するボンバルディア製ＤＨＣ‐８‐４００型機において、前輪が出ないまま着陸をするという事象が発生した。乗務員の適切な対応により、幸いにも乗客、乗務員も含めて負傷者なく無事に着陸できたが、事故は、マスコミに大きく取り上げられた。

この事故で改めてわかったことは、日頃どんなに努力を積み重ねても、たった一度の事故ですべてが無為になってしまい、場合によっては、グループの存立の基盤すら失う可能性があるということである。事故のない安全な運航が何よりも大事であることをＡＮＡは再確認することになった。社員たちは、それぞれの立場から改めてＡＮＡグループ安全理念（図表９）を胸に刻み込むことになったのである。

「もう二度と事故を起こさない」という強い決意のもとに、一人ひとりが何をしなければならないか、何ができるかをグループ社員全員で考えていくための施設として、ＡＮＡでは二〇〇七年一月に先に触れた安全教育センターを設置した。

ここでは、過去の事故の教訓を風化させることがないように、回収された過去の事故機

図表9　ANAグループ安全理念

> 安全は経営の基盤であり社会への責務である
> 私たちはお互いの理解と信頼のもと確かなしくみで安全を高めていきます
> 私たちは一人ひとりの責任ある誠実な行動により安全を追求します

の部品の一部展示や、ヒューマンエラーの体感、ビデオ学習などを通じ、将来継続的に安全運航ができる組織となれるよう一人ひとりが何をすべきか感じ取ることができる。事故の悲惨さを「体感」し、エラーの現実を「体験」し、安全の維持を「体得」できる場となっている。

安全教育センターは、ＡＮＡグループ社員の研修施設だが、航空安全に関心のある社外の人の見学も、研修に支障の無い範囲で受け付けている。

TEAM ANAを進化させる

成長のキーワードの二番目に掲げられた「グループ」については、グループが「チーム」として機能すること、つまり「ＴＥＡＭ　ＡＮＡ」として最高のパフォーマンスを発揮できるように営業体制や空港サービス、運航オペレーションをさらに見直していくことを求めている。

ＡＮＡグループがワンブランド化したのは、ＪＡＬとＪＡＳの経営統合を受けてのことだから、その歴史はまだそれほど長くない。ワンブランド化とは、ＡＮＡグループ内の運航会社（ＡＮＡ、エアーニッポン、エアージャパン、エアーネクスト、エアーニッポンネットワーク、エアーセントラルなど）が、それぞれ別の便名（ブランド）で運航するのではなく、すべてＡＮＡブランドで運航することによってネットワーク性やサービス内容を強化し、顧客の利便性や満足度を高めていこうとするものである。

その推進のために、これまで系列航空会社だけでなく、整備部門や空港部門、営業部門など航空運送事業に係わるすべてのグループ会社を対象に、ＡＮＡの旗印の下で一つのブランドを形成するように施策を講じてきた。

例えば、グループ各社がそれぞれに使っていた社名ロゴや航空機のデザインをすべてＡＮＡロゴに統一したほか、グループ内運航会社の客室乗務員の制服やグランドハンドリングなどの制服もすべて部門ごとに統一するなど、ビジュアル面で一貫性を持たせた。

なかでもＡＮＡグループが最も力を入れてきたのが、社員の意識の一体化だった。ＡＮＡは単に便名やロゴなどブランドの見た目だけを統一するのではなく、ＡＮＡブランドが目指すビジョンを全社員が共有し、グループ社員一人ひとりがＡＮＡブランドの体現者として働くことが重要と考えたのである。

航空業界のオペレーションやサービスは、たくさんの人が直接実施する典型的な労働集約型の産業である。これはすなわち、「人」こそがブランドを構成する最も重要な要素であることを意味する。大きな二つのグループが統合し、強大なライバルが誕生しようという局面で、ライバルを意識するのではなく、いま一度グループ内が一丸となって、一つのANAブランドを守り抜いていこうと動いたのである。

日本では、ほとんどの大手企業に複数のグループ会社が存在する。業態や業種によってグループ会社の構成や運営方法はさまざまだが、会社間や担当者間で壁があったり、親会社意識や子会社意識がグループ全体最適の発想を阻害する要因となったりする。

ANAグループにおいても例外ではなく、特に普段顧客と接する機会の少ない部門などは、仕事の発注元である、親会社（全日本空輸）のことを「お客様」とする意識が染み付いていた傾向もある。親の態度は子に影響するのが普通だから、その根本に全日本空輸側の、過去のグループ会社運営やマネジメントに原因があったのかもしれない。

ところが、未曾有の危機に直面し、経営トップと社員の直接対話やANAワンブランド化を推進することによって、社員の意識に変化が現れてきた。ANAは昔から、危機に直面した際に社員が一丸となって事に当たるというDNAを持っている。米国テロ事件やライバルJAL・JASの統合に遭遇した時も、脈々と受け継がれながらも眠っていたそのDNAが、目を覚ましたかのようだった。

ＡＮＡグループは改めて一つのＡＮＡとなり、グループ各社が、実際に航空機を利用する人を「お客様」としてとらえることができるようになってきた。いいかえれば、グループ全体でＣＳを推進する土壌ができてきたのである。

ＡＮＡはＣＳ推進室がブランドの管理を行っている。このことは他社にあまり例がないかもしれないが、「人が織り成すＡＮＡブランド」は顧客とＡＮＡスタッフの信頼関係でこそ構築されていく、という考えに立脚しているからに他ならない。そしてそのＡＮＡブランドの目指すビジョンこそが、本書のタイトルである「お客様と共に最高の歓びを創る」なのである。

ＡＮＡグループは「ＴＥＡＭ ＡＮＡ」へと進化しようとしている。ＡＮＡのサービスは、決してＡＮＡグループの社員だけで成り立っているわけではない。地方空港ではＡＮＡとは資本関係のない地元の総代理店に、営業から空港オペレーションやサービスまで、一括して担ってもらっている。

飛行機が到着し、次のフライトまでの間に機内を清掃するのも、飛行機が翼を休める深夜に、大きな機体をモップと洗剤で丁寧に洗浄し、きれいな機体にするのも、グループ外の協力会社である。アルバイトやパートタイム、派遣社員も、世界各地でＡＮＡの顧客のために働いている。

ＡＮＡは、このような資本関係や雇用関係によらず、ＡＮＡのサービスに関わるすべての仲間たちをチームの一員と考え、「ＴＥＡＭ ＡＮＡ」として全スタッフが一丸となって顧客に満足してもらおうという取り組みを開始した。

スポーツのチームのように、「ＴＥＡＭ ＡＮＡ」にもさまざまなポジションや役割がある。四番打者やエースストライカーのような、試合に出て活躍する選手ばかりではなく、トレーナーや道具係、事務員の方々も重要なチームの一員である。チームが優勝を目指して一丸となって戦うように、「ＴＥＡＭ ＡＮＡ」も、「アジアＮＯ・１」というビジョン達成や経営理念の実現を目指して、全スタッフが一丸となって「お客様と共に最高の歓びを創っていこう」とさまざまな取り組みを実施している。

航空自由化の進展とグローバル化

三番目のキーワードとして掲げたのは、「グローバリゼーション」だった。「アジアＮＯ・１」を目指すＡＮＡは、旅客輸送も貨物輸送も、成熟した国内の航空市場から将来は国際線市場により軸足を移した事業運営を迫られることになる。

また世界の航空業界を見れば、アジアを中心としたロー・コスト・キャリア（ＬＣＣ）の台頭やグローバル・アライアンスによる「提携」の枠組みを超えた「資本政策」など、急速なグローバル化が進みつつある。各国間で参入障壁のない、航空自由化（オープン・スカイ）の波は、欧米からアジアへと着実に進展している。市場のグローバル化と顧客の多様化が一気に加速すれば、日本人の顧客をメインターゲットとしていた従来の戦略のみでは対応できない。

しかし、現地のマーケットから顧客ニーズを学び、国ごとあるいは路線ごとにカスタマイズしてグローバルな企業活動に展開できることを考えれば、オープン・スカイをリスクではなく、千載一遇のチャンスとして捉えることが可能である。ANAでは、二〇〇八年一月に「アジア戦略室」を設置し、旅客動向や貨物動向から、顧客ニーズを現地アジアでダイレクトに把握し、マーケットに密着したグローバルな事業展開を目指す体制を整えた。グローバリゼーションにおいても、「お客様の声に徹底してこだわる」ことから始めようというわけである。

中国に向日葵《ひまわり》が咲く

ANAが「アジアNO・1」のエアラインになる過程で大きな鍵を握っているのが、中国戦略だ。中国では今、上海、広州、天津など沿海部の爆発的な経済成長だけでなく、内陸部への外資企業の進出も目覚しく、ビジネス需要を中心に世界で最も注目を集めるマーケットである。

日本からの直接投資も堅調で、中国との合弁工場と日本の本社を往復するビジネスマンの数は年々、増える一方である。これに、二〇〇八年の北京オリンピックや二〇一〇年の上海万博が重なるので、旅客、貨物とも中国需要が急伸することは確実と見てよいだろう。

このような中で、ANAはネットワークの拡充や最適な機材の投入はもちろんのこと、広告宣伝や種々のイベント協賛などあらゆる局面で、「中国＝ANA」という存在感を高めていく必要性を感じているという。

マーケティング的アプローチの重要性はいうまでもないが、中国戦略においてもANAにとっての最大の課題は「人」である。「人が織り成すANAブランド」を中国マーケットにおいても徹底的に追求するためには、激変する中国の労働市場においても採用競争力を高め、人材育成機能を強化し、継続的にANAに貢献できる人材を確保することが求められている。

ANAでは、中国のナショナルスタッフ（現地採用社員）の間でも「ANAらしさ」を共有することが重要であるとして、「中国版ひまわりプロジェクト」＝「ひまわり組」が進行している。これは中国における人材戦略の三本柱の一つとして位置づけられており、人事制度の見直し、就業規則の見直しなどと共に進められているものである。

海外での採用は、制度や条件面でのインセンティブが重要視される傾向にあるが、ANAはここでも人の心にこだわっている。単に制度面だけを整えても、ANAの望んでいるパフォーマンスは発揮できないと考えているからである。

「ANAらしさ」である「あんしん、あったか、あかるく元気！」は中国だからといって変わるものではない。しかし日本語の言葉だけを共有できても、無意味である。ANAがいう「あんしん」、「あったか」、「あかるく元気」の概念やそれぞれに込めた想いを共有し、中国の文化や中国人の感性と融合させ、彼ら自身が共感してこそ、初めて彼らの「ANAらしさ」が表に現れてくる。

中国各地で活躍をしているナショナルスタッフが二〇名以上集まり、どうしたら自分たちの手で、中国らしい「ANAらしさ」を具現化できるかについて、侃々諤々《かんかんがくがく》の議論を行っている。そのミーティングは定期的に開催され、中国語や日本語が入り混じった熱い議論が繰り広げられる。

これと同時に、各地の空港スタッフが独自のCS活動を展開するようになった。「ひまわり組」はその取りまとめ役であり、情報発信基地でもある。彼らのようにANAマインドを持ったナショナルスタッフが、ひまわりに水をやり、中国らしい「ANAらしさ」をつくることが期待されている。CS推進室は、そういう彼らの活動を教育、情報、活動費、そして人間関係の面から組織的にバックアップしている。

中国をはじめ、世界中のANAスタッフが、この「ANAらしさ」を共有し、顧客に対し「あんしん、あったか、あかるく元気！」を届けられるよう、今求められているのは、グローバルな人財戦略とそれを支える黒子のようなシステムである。

イノベーションを生み出す好奇心

二〇一〇年、首都圏空港（羽田、成田）の整備が完成する。世界的なオープン・スカイの流れの中で、ANAは更なる自由化を前に、「イノベーション」というキーワードを掲げ、攻めの姿勢を貫こうとしている。社長の山元は二〇〇八年の念頭挨拶で、次のように述べている。

〈新たなサービス、斬新な生産体制、斬新な販売体制、斬新な経営体制など、別次元の新しい価値を生み出していくには、それを支えるイノベーションが必要です。ANAは最新鋭機ボーイング787をローンチカスタマー（世界初の発注会社）として受領しますが、世界があっと驚く「世界初」を次々と打ち出せるANAグループになるために、新しい考え方や新技術を貪欲に取り入れていきます。皆さんも、プロとして考え抜いて、世界の人々の魂を揺さぶってください。好奇心を旺盛にして、新しいものも積極的に試す風土が、これからのANAグループには必要だと感じています〉

先に述べた商品戦略室の設置は、「世界があっと驚く『世界初』」を、プロダクトおよびサービス面から実現すべく権限強化を図ったものといえよう。また、二〇〇八年三月に、およそ四〇年ぶりの純国産旅客機となる「MRJ（三菱リージョナルジェット）」のローンチカスタマーにもなった。

新機種の導入や大規模な空港整備に伴い、生産量が飛躍的に増加することになる。この状況に、どう対応するのか。単純な人員増だけでいいのかどうか。また、オープン・スカイの進展によって、これまでに経験しなかった国際展開の可能性が広がってくるだろう。だが、チャンスも広がる分、リスクもはらんでいる。

このような環境では、これまでの発想にとらわれない、斬新な生産体制構築が求められる。すなわちイノベーションである。しかも、マネジメント主導のイノベーションだけでなく、社内の至るところから、大小さまざまなイノベーションが生まれ、連鎖して発展する――そのような組織としてのあり方が、いろいろな現場で顧客と接しているANAでは必要である。

大小さまざまなイノベーションを生み出すのは、それぞれの社員である。社員の旺盛な好奇心、新しいものへの挑戦、プロとして考え抜くこと、これらがイノベーションの基盤になる。先の年頭挨拶はそのことを社員に喚起したものと見ることができる。

お客様と共に最高の歓びを創る

最後のキーワードは「人財」である。

世界の航空業界を取り巻く環境は、一言でいえば不透明そのものである。中近東だけでなく中央アジア、ロシア、インド、東南アジアにも広がりを見せているイスラム過激派のテロのほか、世界各地で続発する地域紛争など、航空業界の発展の妨げになりそうな要因は、枚挙にいとまがない。

これからの世界経済は、かつての日米欧三極牽引型からＢＲＩＣｓ（ブラジル、ロシア、インド、中国）、さらにはＶＩＳＴＡ（ベトナム、インドネシア、南アフリカ、トルコ、アルゼンチン）と呼ばれる国々が成長を牽引する時代へと変貌していくだろう。それに伴い人と貨物の流れは、大きく変わる。これに対応するには、アライアンスを含めた世界の航空網の再編成がきわめて重要な課題になってくるだろう。

こうした時代変化に対応していくには、やはりＡＮＡグループに働く社員一人ひとりが、

「あかるく元気に輝いている」ことが必須の条件になる。商品もサービスも、結局は現場の係員の言動を介して感じ取ってもらうことによって、初めて顧客の感動につながるからである。

では、どうしたら「あかるく元気」に輝いて、「お客様と共に最高の歓びを創る」ことができるのか。おそらく、その解は無数にある。ANAグループの社員三万人いれば、三万通り以上の解があるかもしれない。それでも、一つだけ言えることは、各人がそれぞれの解にたどりつくのは、自分自身の「気づき」から始まるということである。一例を挙げれば、前に紹介した空港係員の熊本には、こんな気づきの体験があったという。

「まだ新入社員で、出発口から搭乗口までお客様のご案内係を担当していた頃のことです。ある日、たまたま私がご案内したお客様はかなりご高齢のおばあさまで、足がご不自由なので、私が車椅子を押して差し上げました。

お見送りには、その方のお嬢さまのご夫婦とお孫さんがいらしていて、お互いに泣きながら別れを惜しんでいらっしゃいました。若いカップルがいとおしくてずっと離れないというのは見ていましたが、ご家族が本当にお互いに泣きながら抱き合って別れる光景を目の当たりにしたのは、その時が初めてでした。

『元気でね』と後ろ髪を引かれる思いで別れて、出発口で『行って参ります』と言ったのに、検査を終わってふりかえると、お嬢さまご夫婦はまだこちらを見ていらっしゃいました。おばあさまは、もう一回振り向いて手を振りました。

搭乗口に向かう道からは二人きりになりましたが、おばあさまは涙が止まりません。そして『本当にすいません。私こんなに足も不自由だし、面倒ばかりかけてごめんなさい』と涙声でおっしゃるんです。私が『とんでもありません』と申し上げると、『家族と会うのはこれで最後なんです。娘とはもう二度と会えないかもしれません』と、おばあさまは何度か繰り返されました。私はもうびっくりしまして、その時初めて『あぁ、空港にはいろんなお客様がいらっしゃって、飛行機に乗るということはお客様にとっては人生のかけがえのない時間なんだな』という思いが脳裡をよぎったんです。思い出すと今でも泣けてきます。新入社員ながら、お客様には一人ひとりの立場、状況があるんだなと思い知りました。

それからこの仕事をしていて、お客様がどういう状況なのか、このお客様がどういう思いで飛行機にお乗りになるのかを、考えるようになりました。それを知るにはコミュニケーションしかありません。そういう思いで接していかなくてはいけないと気づかせていただいたのが、そのおばあさまでした」

顧客と真摯に向き合っていると、必ずこのような「気づき」の瞬間がある。CSに目覚める瞬間といえるかもしれない。そんな体験をすれば、その後の仕事への見方、考え方に一段と充実感が出てくると熊本は語っている。

ANAのCS――「あんしん、あったか、あかるく元気！」

ANAの業務は、部門を問わず、すべてCSからスタートするといっても過言ではない。ここで、これまで述べてきたことの整理を兼ねて、ANAのCS活動の裏側にある仕組みや戦略について簡略にまとめておきたい。

①お客様の声に徹底してこだわる

これは、グループ経営理念に行動指針として掲げられている。「お客様の声」を集約し素早く改善に結びつけるために、組織的には社長直下のCS推進室を設置し、複数の部署にまたがる課題などについては、各本部の執行役員で構成する「CS推進会議」で部門の枠を超えて解決する。

②お客様の声を改善に活かす

声の収集→課題の抽出・分析→改善策の立案・実施という「クローズド・ループ」の仕組みを展開している。ここで大切なことは、収集し、分析を加えた結果をサービスの企画や改善に活用すること。また、分析結果は、顧客と社員に確実にフィードバックすることである。

③自分の提案が改善につながる歓び

顧客の声や意見は、その時の自分の対応を含めてレポートにして提出する。それらはイントラネットで公開され、共有できる仕組みにしている。さらに主な改善事例は、ホームページなどで社員にフィードバックする。「自分の書いたものが会社としての仕組みの改善に結びついている」という歓びや、やりがいにつながり、「改善すべき項目は積極的にレポートしよう」という意欲を盛り立てることになる。また、機内誌「翼の王国」や「ＡＮＡ　ＳＫＹＷＥＢ」に掲載し、顧客との信頼関係の絆をいっそう強いものにする。

④良いところを見つける目を養い、「褒める文化」を育てる

ＣＳ推進室では二ヵ月に一回、カスタマーデスクに寄せられた「お褒めの声」（二ヵ月間

で約五百件）から、一回につき三〜六件を「サービスアワード」として選出し、関わった社員を表彰している。これとは別にフロントラインでは「グッドジョブ・カード」の取り組みをしている。互いの仕事の良い点を見出してカードに記入して本人に手渡すものである。これらは社内報や各部門の機関誌等で紹介し、良い事例はみんなで共有する。そうすることで、失敗をなじる文化ではなく、良い点を褒め合う文化を構築するのである。顧客に満足してもらうことは、会社だけでなく自分も成長し、仕事への誇りを高めることにつながる。

⑤グループ全体の社員のアイディアを具現化

各空港支店や接客以外の部門でも独自にCS向上を目指した活動を行っている。例えば、空港部門は搭乗しようとする顧客にその便の出発準備担当者の写真を掲示したり、運航本部はパイロットによる航空教室の開催、整備本部は機体工場見学会などを行うなど、全社を挙げてCS向上に取り組んでいる。また、「お客様にこだわる特別予算」を設けて各事業所や空港の独自アイディアによるCS向上のための企画を支援している。

最後になるが、ANAには「CS向上の先には三つの幸せがある」という言葉がある。

顧客は快適さ、満足感、歓び、感動などを手にし、企業としてのＡＮＡは顧客の増加、リピーターの増加、収益の安定化を確保できる。そしてそれ以上に社員一人ひとりも、やりがい、プライド、生きがいといったメンタルの面での充実感を味わうことができる、という意味である。

ＣＳ活動を続けていくことで、顧客が満足すれば、それは担当者の歓びにつながり、ＣＳ向上のみでなくブランドの構築にもつながる。ＡＮＡが目標とする「アジアでＮＯ・１」の航空会社になるには、何よりも「ＡＮＡらしく」あることに尽きるという。この素朴でわかりやすいＣＳ起点のブランド戦略を、どこまでグループ全体で取り組むことができるのか。そのあり方しだいでＡＮＡの未来も変わってくるのである。

おわりに

日本でＣＳが企業経営の重大なテーマとして認識されてからすでに二〇年以上になる。この間、主に消費財を生産販売するメーカーや流通業、サービス業などを中心にＣＳへの取り組みがされてきた。しかし、その多くは、営業部あるいは消費者苦情相談センターなどの内部に一部署を設けただけの取り組みに止まっている。

そのなかで、どちらかといえば後発組のＡＮＡが、ＣＳを経営戦略の根幹に位置づけ、ブランド戦略とも結びつけた全社的なＣＳ活動を展開して、着実に成果を挙げてきていることは注目に値する。また、それを支える現場の奮闘があったことも見逃せない。

９・１１テロや競合の統合に端を発した危機感と現場における問題意識や改善意欲。それが縦横に響きあって、全社的なＣＳの取り組みに展開していく様子は、非常にダイナミックである。見方を変えると、組織階層の垣根、部門の垣根、国籍や国境の垣根を越えて、さまざまなベクトルを持ったエネルギーが社内を駆け巡り、それぞれの場で、気づきや変革を巻き起こしているように見える。なぜこのようなことが可能なのか。

その秘密は、航空会社にとって最も重要な関係性を持つ顧客とのコミュニケーションを何よりも大切にしてきたからではないだろうか。現場の社員たちは、顧客に対して常に「あんしん、あったか、あかるく元気!」に接している。しかも、いずれの部署でも、非常に高度な判断を瞬時に冷静にこなしながらの接遇である。そこには顧客との会話があり、さまざまな顧客の声に耳を傾け、現場の施策に生かすことで「回答」する。そうした顧客とのコミュニケーションを、個人レベルだけでなく、企業として組織的に実践するようになるのは、当然進むべき航路だったのかもしれない。

コミュニケーションの主体は社員も顧客も「人」であり、「人」の大切さも改めて認識せずにはいられない。本書に登場した、社員や顧客たちは、非常にいきいきと自らの想いを語っている。

このようなＡＮＡの試みは、今後の日本企業のＣＳ戦略に大きな影響を与えずにはおかないだろう。本書がその一端を知る道標になれば幸いである。

お客様と共に最高の歓びを創る
ＡＮＡが目指すＣＳ

二〇〇八年一〇月二〇日　第1刷　©

編　者／社会経済生産性本部

発行者／横川　修

発行所／生産性出版
（〒150-8307）東京都渋谷区渋谷三丁目一番一号
社会経済生産性本部
電話（〇三）三四〇九―一一三二（編集）
一一三三（営業）

印刷／シナノ　製本／イマキ製本所

ISBN 978-4-8201-1854-1
Printed in Japan